COMMENT ACCÉDER À VOTRE i-MANUEL 2.0 ÉLÈVE

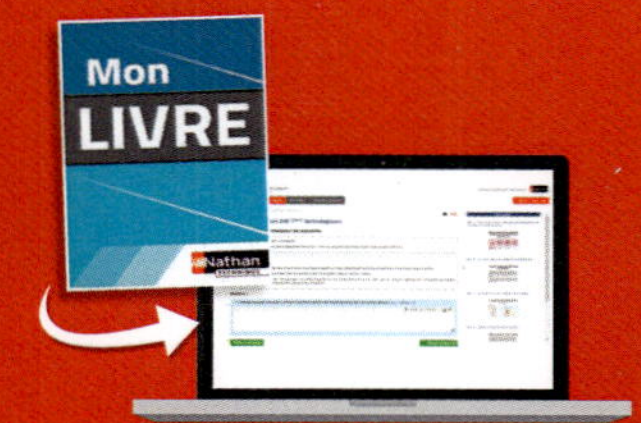

LIVRE + LICENCE NUMÉRIQUE

Votre enseignant souhaite travailler avec le i-Manuel 2.0 ; une fois votre compte créé par votre enseignant, rendez-vous, selon ses indications, sur :

- **imanuel.nathan.fr** et connectez-vous à votre espace élève i-Manuel 2.0 avec votre identifiant et votre mot de passe.

OU

- l'ENT ou la plateforme de votre établissement, et accédez directement à votre i-Manuel 2.0.

DÉCOUVREZ LE i-MANUEL 2.0 EN VIDÉO

À NE PAS OUBLIER

Conservez votre identifiant et votre mot de passe pour toutes vos connexions ultérieures

À SAVOIR

Cette licence élève i-Manuel 2.0 est unique et personnelle. Elle offre un accès à un élève pour une, deux ou trois années scolaires (selon la durée de l'ouvrage) et ne peut être réutilisée par d'autres élèves les années suivantes.

Pour équiper les élèves de nouvelles licences numériques i-Manuel 2.0, connectez-vous sur cns-edu.com.

Pour l'enseignant : rendez-vous sur **nathan.fr/i-manuel2**, pour disposer de toutes les informations pratiques pour créer vos classes, activer les licences de vos élèves et contacter votre délégué pédagogique Nathan.

Nathan
TECHNIQUE

Avant-propos

Un nouveau programme, une nouvelle démarche, un nouveau cahier

La réforme du lycée professionnel et la mise en œuvre d'un nouveau programme en Histoire-Géographie-EMC sont à l'origine de ce nouveau **cahier de cours et d'activités**.

Nous avons souhaité qu'il soit en adéquation avec les défis de notre temps et avec les nouvelles pratiques de classe, tout en assurant une continuité avec certaines habitudes de travail prises en Seconde. Il prépare aussi à la poursuite d'études et à l'insertion dans la vie professionnelle.

Dans ce nouveau cahier, **cinq axes forts ont été privilégiés**.

— **1. Une démarche de classe inversée :** le **cours** se trouve toujours en **début de chapitre** pour permettre à l'élève de s'approprier par une lecture active, seul(e) ou en classe, les grandes idées nécessaires à la compréhension du thème étudié. Nous souhaitons ainsi mettre l'élève en confiance avant d'aborder la mise en activité à proprement parler. Cependant, l'enseignant(e) peut décider d'utiliser le cours plus classiquement, comme un bilan, une fois qu'ont été réalisées les activités.

— **2. Une mise en activité permanente de l'élève :** toujours actif, l'élève réfléchit aux grandes **notions** et **repères** du programme. Il est ainsi au cœur des apprentissages qu'il met en œuvre en travaillant les **capacités** et les **compétences** du programme clairement identifiées.

— **3. Une préparation à l'épreuve du baccalauréat** dans des exercices type bac.

— **4. La construction d'une culture artistique** grâce à la découverte d'œuvres en lien avec les thèmes du programme.

— **5. Un travail en équipe** pour mettre en œuvre des tâches plus complexes autour de projets qui nécessitent la coopération.

Il nous a enfin paru important d'intégrer des outils et des ressources pour **dynamiser les apprentissages** et **renforcer l'autonomie** :

▸ des doubles pages sur les **repères historiques et géographiques** des thèmes pour mieux les comprendre et les retenir en vue de l'épreuve ;

▸ des **bilans**, sous forme de cartes mentales, à la fin de chaque thème pour retenir autrement les connaissances acquises ;

▸ des **podcasts** des cours pour stimuler la mémoire auditive des élèves ;

▸ des **portfolios** pour contextualiser les repères de chaque thème du programme et mieux les comprendre et les retenir ;

▸ des **capsules audio** pour approfondir, seul(e) ou en classe, une connaissance ou s'exercer à la compréhension orale d'un document ;

▸ l'utilisation des **NTIC** pour approfondir certaines compétences : s'enregistrer, rechercher sur Internet, réaliser des diaporamas...

SOMMAIRE

ÉTATS ET SOCIÉTÉS EN MUTATIONS
(XIXe - 1re moitié du XXe siècles)

Thème 1

HOMMES ET FEMMES AU TRAVAIL, EN MÉTROPOLE ET DANS LES COLONIES FRANÇAISES
(XIXe - 1re moitié du XXe siècles)

Thème 2

GUERRES EUROPÉENNES, GUERRES MONDIALES, GUERRES TOTALES (1914-1945)

SOMMAIRE

RECOMPOSITIONS DU MONDE

Thème 1 — LA RECOMPOSITION DU TERRITOIRE URBAIN EN FRANCE : MÉTROPOLISATION ET PÉRIURBANISATION

Thème 2 — L'AFRIQUE, UN CONTINENT EN RECOMPOSITION

Thème EMC — ENSEIGNEMENT MORAL ET CIVIQUE

SOMMAIRE

LES COMPÉTENCES ET CAPACITÉS DU PROGRAMME

HISTOIRE

Maîtriser et utiliser des repères chronologiques et spatiaux

S'approprier les démarches historiques

GÉOGRAPHIE

Maîtriser et utiliser des repères chronologiques et spatiaux

S'approprier les démarches géographiques

LES RESSOURCES DE VOTRE *CAHIER DE COURS ET D'ACTIVITÉS*

VIDÉOS ET PORTFOLIOS

LES AUDIOS

HISTOIRE

LES RESSOURCES DE VOTRE *CAHIER DE COURS ET D'ACTIVITÉS*

SOMMAIRE

Carnet de bord

Pour chaque thème, cochez les capacités que vous maîtrisez et celles que vous devez encore approfondir.

Thème 1 — HOMMES ET FEMMES AU TRAVAIL, EN MÉTROPOLE ET DANS LES COLONIES FRANÇAISES (XIXe - 1re moitié du XXe siècles)

CE QUE JE DOIS CONNAÎTRE

- Construire une frise chronologique .... ☐ *Je maîtrise* | ☐ *Je dois approfondir*
- Contextualiser une/des œuvres mettant en scène des hommes ou des femmes au travail .... ☐ *Je maîtrise* | ☐ *Je dois approfondir*
- Raconter le quotidien d'un homme/femme au travail à partir de recherches .... ☐ *Je maîtrise* | ☐ *Je dois approfondir*

Thème 2 — GUERRES EUROPÉENNES, GUERRES MONDIALES, GUERRES TOTALES (des années 1760 à 1804)

CE QUE JE DOIS CONNAÎTRE

- Compléter et mettre en relation deux cartes sur les deux guerres mondiales .... ☐ *Je maîtrise* | ☐ *Je dois approfondir*
- Confronter des points de vue sur les traités de paix .... ☐ *Je maîtrise* | ☐ *Je dois approfondir*
- Raconter l'engagement d'un acteur pour la paix .... ☐ *Je maîtrise* | ☐ *Je dois approfondir*
- Rechercher des informations sur la déportation pendant la Seconde Guerre mondiale........ ☐ *Je maîtrise* | ☐ *Je dois approfondir*

Thème 1 — LA RECOMPOSITION DU TERRITOIRE URBAIN EN FRANCE : MÉTROPOLISATION ET PERIURBANISATION

CE QUE JE DOIS CONNAÎTRE

- Analyser un paysage urbain ou périurbain .... ☐ *Je maîtrise* | ☐ *Je dois approfondir*
- Décrire et expliquer les mobilités et les activités du quotidien d'un habitant d'une métropole/commune périurbaine........ ☐ *Je maîtrise* | ☐ *Je dois approfondir*
- Identifier les acteurs intervenant dans l'aménagement d'un territoire périurbain .... ☐ *Je maîtrise* | ☐ *Je dois approfondir*
- Confronter des points de vue sur un aménagement .... ☐ *Je maîtrise* | ☐ *Je dois approfondir*

Thème 2 — L'AFRIQUE, UN CONTINENT EN RECOMPOSITION

CE QUE JE DOIS CONNAÎTRE

- Situer quelques ressources stratégiques en Afrique .... ☐ *Je maîtrise* | ☐ *Je dois approfondir*
- Caractériser l'urbanisation du continent africain à partir de cartes .... ☐ *Je maîtrise* | ☐ *Je dois approfondir*
- Rendre compte à l'oral des stratégies d'implantation de la Chine en Afrique .... ☐ *Je maîtrise* | ☐ *Je dois approfondir*

Thème 1

HOMMES ET FEMMES AU TRAVAIL, EN MÉTROPOLE ET DANS LES COLONIES FRANÇAISES

(XIXe-1re moitié du XXe siècle)

Avec l'industrialisation et l'urbanisation, le monde du travail connaît des transformations importantes au XIXe siècle. La paysannerie, dominante au siècle précédent, évolue avec la modernisation des techniques agricoles et la fin de l'esclavage dans les colonies. Les ouvriers et ouvrières, de plus en plus nombreux, s'organisent pour obtenir de meilleures conditions de travail. Le secteur tertiaire progresse dans la première moitié du XXe siècle avec la généralisation du salariat.

➔ **Comment le monde du travail se transforme-t-il en France entre le XIXe siècle et 1946 ?**

D'hier...

DOC. 1

La sortie des usines Renault à Boulogne-Billancourt au XIXe siècle

Écoutez : les usines Renault à Boulogne-Billancourt.
liennathan.fr/c94sj7

À L'ORAL

1. Décrivez les deux documents.
2. Quelles sont les différences entre ces deux documents ?

Capacités travaillées

- Contextualiser des œuvres mettant en scène des femmes ou des hommes au travail pour conduire une analyse historique, **p. 18**
- Construire une argumentation historique, **p. 20**
- Mener une démarche d'analyse historique, **p. 24**
- Confronter des points de vue d'acteurs différents sur le travail dans les campagnes coloniales, **p. 26**
- Situer un événement dans son contexte pour l'expliquer, **p. 30**
- Compléter un schéma simple, **p. 32**
- Rendre compte à l'oral d'un événement historique, **p. 34**
- Situer un document dans son contexte pour l'expliquer, **p. 36**
- Confronter le savoir acquis en histoire avec ce qui est vu, lu et vécu, **p. 36**

Les ressources du thème

- Les usines Renault à Boulogne-Billancourt, **p. 12**
- Le travail des enfants, **p. 18**
- Le droit de grève, **p. 29**
- La chanson des canuts, **p. 31**
- La grande cause du quinquennat, **p. 37**

Regardez la vidéo du thème.
liennathan.fr/pa8t05

... à aujourd'hui

DOC. 2

Sortie de bureaux dans le quartier des affaires de La Défense, 2019

Ça me concerne

3. **Pourquoi, selon vous, ces documents ont-ils été choisis pour illustrer ce chapitre ?**
4. **Que pensez-vous savoir sur le thème que vous allez étudier ?**

SE REPÉRER DANS LE TEMPS…

1831
Révolte des canuts lyonnais

Février-juin 1848
Ateliers nationaux

27 avril 1848
Seconde abolition de l'esclavage en France

1864
Reconnaissance du droit de grève

1884
Loi Waldeck-Rousseau sur le droit de se réunir en syndicat

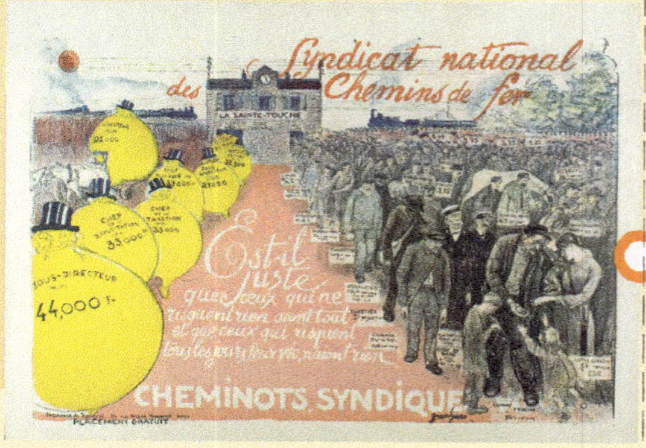

1881-1882
Lois Ferry : l'école gratuite, laïque, et obligatoire ; décret de création des premières écoles nationales professionnelles

1898

Loi sur l'indemnisation des accidents du travail

1901

Loi sur le droit d'association

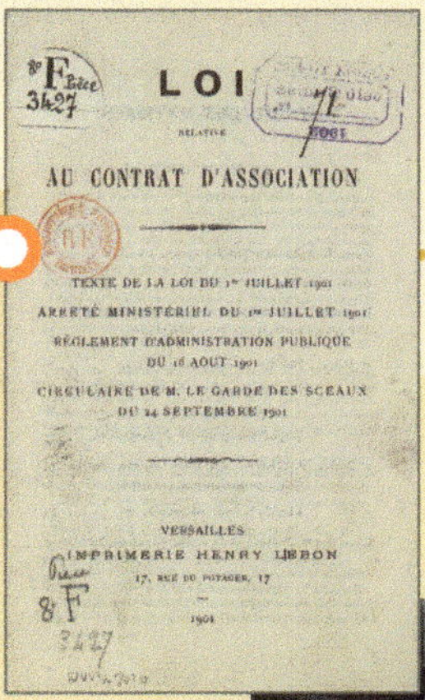

LOI

RELATIVE

AU CONTRAT D'ASSOCIATION

TEXTE DE LA LOI DU 1er JUILLET 1901

ARRÊTÉ MINISTÉRIEL DU 1er JUILLET 1901

RÈGLEMENT D'ADMINISTRATION PUBLIQUE DU 16 AOUT 1901

CIRCULAIRE DE M. LE GARDE DES SCEAUX DU 24 SEPTEMBRE 1901

VERSAILLES

IMPRIMERIE HENRY LEBON

17, RUE DU POTAGER, 17

1901

1919

Loi Astier sur l'enseignement technique

L'APPLICATION PRATIQUE DES ASSURANCES SOCIALES

GUIDE de l'ASSURÉ

(PROFESSIONS NON AGRICOLES)

SOMMAIRE

1934

PRIX : 1 FRANC

1928

Loi sur les assurances sociales

LE PEUPLE

QUOTIDIEN DU SYNDICALISME

VICTOIRE sur la misère !

8 millions de salariés obtiennent satisfaction

La C.G.T. et la Confédération générale de la Production française signent un accord en présence du président du Conseil et du ministre de l'Intérieur

1936

Front populaire : lois sociales, accords de Matignon et réformes de Jean Zay

ABONNEMENTS

Le Petit Journal illustré

PARAISSANT LE DIMANCHE

Sous le soleil équatorial

Notre effort de pénétration par le chemin de fer se poursuit à travers l'Afrique. C'est ainsi que la ligne de Brazzaville à la mer va intensifier l'exploitation du Congo. Mais combien d'obstacles — nature du terrain, climat humide et chaud, difficultés de main-d'œuvre — les ingénieurs ne rencontrent-ils pas pour mener à bien cette œuvre civilisatrice !

1946

Loi Houphouët-Boigny : abrogation du travail forcé dans les colonies

COURS 1

DÉVELOPPEMENT INDUSTRIEL ET MODERNISATION DES MÉTIERS

POUR MÉMORISER

Écouter votre cours plusieurs fois vous permettra de mieux le retenir.

L'audio du cours.
liennathan.fr/o0j0u9

L'ère des ouvriers et ouvrières, artisans et artisanes

À partir du XIXe siècle, des **innovations techniques** permettent l'émergence de la figure de l'ouvrier. La généralisation de la machine à vapeur, par exemple, facilite l'exploitation massive des mines de charbon, l'essor des industries métallurgiques et textiles. Dans la première moitié du XXe siècle, l'industrie automobile émerge grâce au pétrole et à l'électricité. Les métiers de l'**artisanat** évoluent aussi sous l'effet du progrès technique et de la concurrence de l'industrie. Par ailleurs, le chemin de fer accompagne et accentue l'**industrialisation** et l'**urbanisation** en France.

Les ouvriers, de plus en plus nombreux dans tous les secteurs, ont des métiers et des statuts très hétérogènes : des artisans ou des ouvriers travaillant à leur domicile, des ouvriers-paysans employés à l'usine de manière saisonnière, des mineurs... La grande majorité est souvent sous la direction d'un entrepreneur industriel.

→ J'EXPÉRIMENTE 1 - P. 18

Des conditions de travail pénibles

Les **journées de travail** sont très longues (entre 10 et 14 heures par jour) et les conditions de vie précaires. En effet, il existe encore peu de protection sociale face aux accidents, à la maladie, à la vieillesse... Le chômage périodique est une menace. Le travail des enfants est une réalité mais se réduit lentement grâce aux **lois Ferry** en 1881-1882 sur l'instruction primaire obligatoire (6-13 ans).

Dans les colonies, un système de **travail forcé** se met en place après l'**abolition de l'esclavage** en 1848. Il est visible dans les grands chantiers entrepris par l'État colonial comme l'entretien des routes, la construction de chemin de fer, d'édifices...

Dans les **usines**, nouveau cadre de travail en pleine expansion, le **travail à la chaîne** se développe sous l'impulsion du **taylorisme** au début du XXe siècle. Les ouvriers spécialisés (OS) sans qualification, les femmes, les ruraux ou les immigrés, y travaillent dans des conditions difficiles. L'écart entre la **faible rémunération** et la **forte pénibilité** du travail à la chaîne, par rapport à celui des ouvriers qualifiés (contremaîtres et techniciens), est extrêmement important.

→ J'EXPÉRIMENTE 1 - P. 18

L'essor du secteur tertiaire

L'accroissement du nombre de fonctionnaires, d'employés de bureau ou de commerce, puis de cadres, illustre le développement du secteur tertiaire. Ces professions, mieux rémunérées, entraînent une généralisation du **salariat**. Toutefois les revenus des salariés ne leur permettent pas d'accéder au mode de vie bourgeois. La **tertiarisation** s'accélère au début du XXe siècle avec l'urbanisation croissante.

La **féminisation** des emplois progresse et permet la lente émancipation des femmes. Elles représentent 36 % des effectifs du secteur tertiaire à la fin du XIXe siècle. Elles sont présentes dans la fonction publique (infirmières, institutrices, secrétaires…) ainsi qu'aux postes d'employées d'accueil.

→ J'EXPÉRIMENTE 2 - P. 20

REPÈRES

- **1881-1882** Lois Ferry sur l'instruction publique
- **1848** Abolition de l'esclavage

VOCABULAIRE & NOTIONS

- **Artisanat :** métiers liés à la transformation de produits ou à la mise en œuvre de services grâce à un savoir-faire particulier.
- **Industrialisation :** processus d'extension et d'intensification des activités industrielles durant lequel la production industrielle dépasse la production agricole.
- **Urbanisation :** concentration de plus en plus forte de la population dans les villes.
- **Usine :** établissement industriel où les matières premières sont transformées en produits manufacturés.
- **Taylorisme :** organisation scientifique du travail (OST) inventée par Taylor afin de rationaliser la production par le chronométrage et le travail à la chaîne.
- **Salariat :** mode de rémunération du travail par un salaire, c'est le résultat d'un contrat de travail passé entre l'employeur et l'employé.
- **Tertiarisation :** essor du secteur des services.

DOC. 1

L'industrialisation de la France au début du XXe siècle

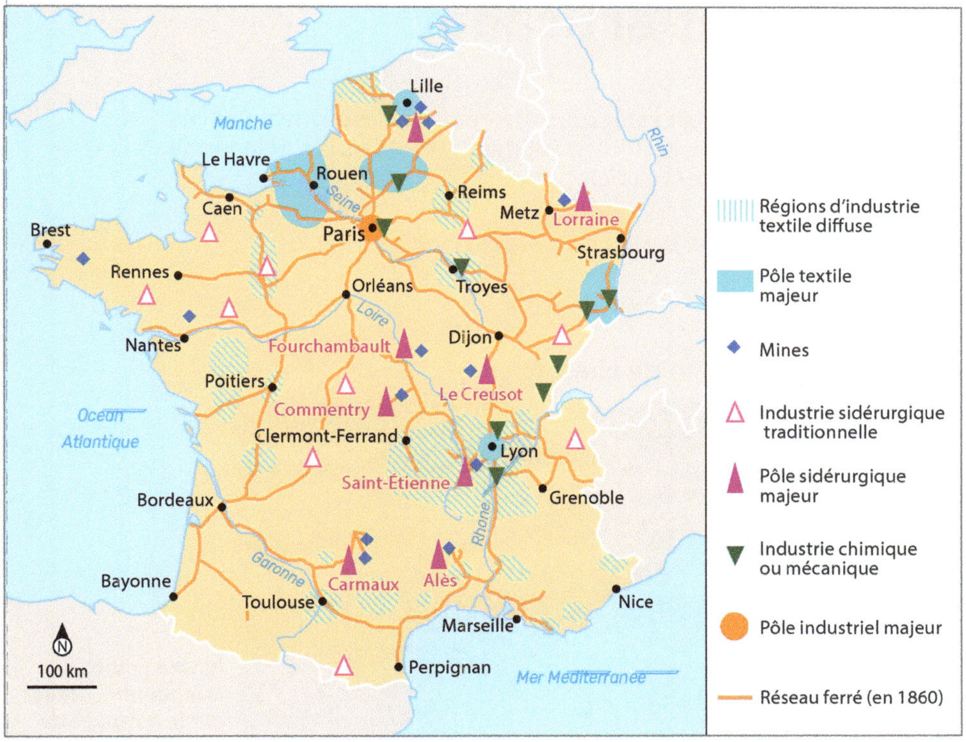

DOC. 2

Louis René Villermé

Louis René Villermé (1782-1863), médecin français, est considéré comme un pionnier de la médecine du travail. En 1841, il mène une enquête sur le travail des enfants en France. Cela permet, l'année suivante, de limiter l'âge d'admission à huit ans dans les entreprises.

DOC. 3

Une citation

... Où vont tous ces enfants
[dont pas un seul ne rit ?
Ces doux êtres pensifs que
[la fièvre maigrit ?
Ces filles de huit ans qu'on
[voit cheminer seules ?
Ils s'en vont travailler quinze
[heures sous des meules.

Victor Hugo, *Melancholia*, 1856.

ON EN PARLE AUTREMENT...

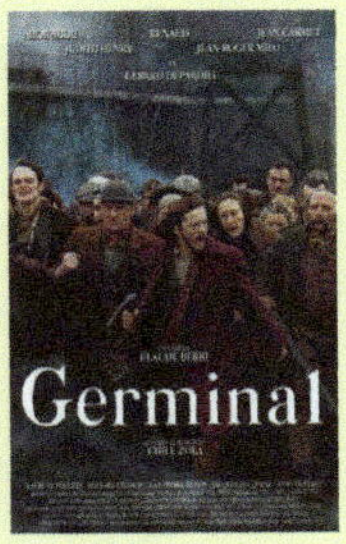

UN FILM
Claude Berri, *Germinal*, Renn Productions, 1993.

Lecture active du cours

1. Quels secteurs industriels émergent avec l'industrialisation (DOC. 1) ?

....

....

2. Relevez trois caractéristiques du travail industriel à la fin du XIXe siècle.

....

....

3. Qu'est-ce qui permet de limiter le travail des enfants ?

....

....

4. Citez un nouveau métier féminin du secteur tertiaire à la fin du XIXe siècle.

....

....

SYNTHÈSE

5. Construisez une phrase avec les trois idées principales du cours.

....

....

....

J'EXPÉRIMENTE

Écoutez le cours associé.
liennathan.fr/5u1e1x

1 Industrialisation, travail ouvrier et artisanat

À partir du milieu du XIXe siècle, une nouvelle catégorie sociale émerge : les ouvriers. Comme les artisans, ils ont des conditions de travail difficiles. Pourtant, les métiers liés à l'industrie et à l'artisanat sont divers et en constante évolution.

➔ **Qu'est-ce qui différencie les métiers ouvriers et artisanaux ?**

DOC. 1

Le travail des enfants dans une mine de charbon au XIXe siècle

Ignace François Bonhomme, *Atelier sur le remuage du charbon, aux mines de Blanzy*, vers 1860. Conservatoire National des Arts et Métiers, Paris.

Écoutez l'audio sur le travail des enfants.
liennathan.fr/64fbj3

DOC. 2

Le métier de forgeron au XIXe siècle

Ferdinand Joseph Gueldry, *Le Laminoir*, XIXe siècle. Musée des Beaux-Arts, Nîmes.

CAPACITÉ

▸ **Contextualiser des œuvres mettant en scène des femmes ou des hommes au travail pour conduire une analyse historique**

DOC. 3

L'artisan-paysan travaillant à domicile

Paul Sérusier,
***Le Tisserand*, 1888.**
Musée d'Art et d'Archéologie, Senlis.

DOC. 4

Le travail à la chaîne dans l'industrie automobile

Dans les usines Citroën, quai de Javel à Paris, photographie de Jacques Boyer, 1931.

?

CAPACITÉ

Contextualiser des œuvres mettant en scène des femmes ou des hommes au travail pour conduire une analyse historique

1 Remplissez le tableau ci-dessous en indiquant les différentes caractéristiques sur le travail ouvrier et artisanal.

	Travail des mineurs DOC. 1	Travail des forgerons DOC. 2	Travail des tisserands DOC. 3	Travail des ouvriers spécialisés DOC. 4
Date				
Lieu et espace de travail				
Nombre d'ouvriers				
Âge et genre des ouvriers				
Qualification des ouvriers				
Technologie utilisée				

2 Rédigez un court texte qui montre la diversité des métiers ouvriers et artisanaux.
Aidez-vous des informations obtenues dans l'exercice 1.

....

....

....

J'EXPÉRIMENTE

Écoutez le cours associé.
liennathan.fr/304qzm

2 Instituteurs et institutrices au XIXe siècle

Les lois sur l'enseignement au XIXe siècle permettent des progrès dans l'alphabétisation et la scolarisation. Les lois Ferry de 1881 et de 1882, en rendant l'école gratuite, obligatoire et laïque, sont décisives. Le rôle central des instituteurs et institutrices symbolise l'essor des professions tertiaires et du nombre croissant des fonctionnaires.

➔ Comment la place des instituteurs et des institutrices s'est-elle consolidée grâce aux lois républicaines ?

DOC. 1 La place de l'institutrice dans le travail féminin au XIXe siècle

Les différentes positions sociales de la femme, gravure de B. Breitwieser, vers 1890. BnF, Paris.

DOC. 2 Un instituteur réclame au sous-préfet de meilleures conditions scolaires pour les enfants

« Depuis quatorze ans que j'exerce la profession d'instituteur dans la commune d'Omerville, j'ai toujours vu la fabrique de M. Provost [...] enlever les enfants de la commune d'Omerville au travail et par là, la plupart sont privés d'instruction, attendu qu'ils ne fréquentent aucune école. Lorsque j'ai vu la loi du 28 mars 1841, concernant le travail des enfants dans les fabriques, j'étais l'homme le plus content ; mais aujourd'hui je suis désespéré en voyant qu'elle n'est nullement exécutée ; au contraire, les enfants y sont reçus encore plus jeunes et travaillent seize heures par jour et n'ont qu'une heure un quart pour faire deux repas. C'est pourquoi, monsieur le sous-préfet, je m'adresse à vous afin que vous ayez la bonté de faire cesser cette infraction de loi puisqu'aucun article de cette loi n'est observé. »

Extrait d'une lettre de l'instituteur d'Omerville au sous-préfet, 10 octobre 1843.

DOC. 3 L'augmentation du nombre d'instituteurs

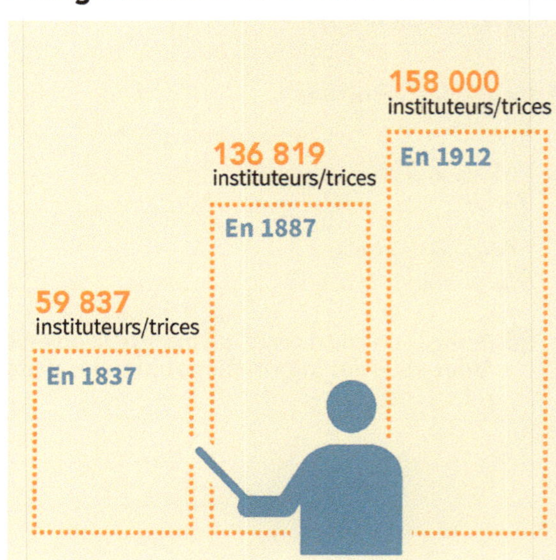

DOC. 4

L'école à la fin du XIXe siècle

Musée National de l'Éducation, INRP – Rouen.

Sur le tableau, on peut lire : « Le peuple qui a les meilleures écoles est le premier peuple, s'il ne l'est pas aujourd'hui, il le sera demain. », Jules Simon.

VOCABULAIRE & NOTIONS

- **Secteur tertiaire :** activité de services (enseignement, médecine, etc).

DOC. 5

L'école républicaine et ses héros : les instituteurs et institutrices décoré(e)s des « Palmes académiques » au début de la Troisième République

Recherchées par les fonctionnaires de l'Instruction publique car elles distinguent et honorent le mérite individuel, raillées pour la vanité qu'elles procurent, les « Palmes académiques » sont en bonne place dans l'arsenal décoratif de la Troisième République [...].

Se voit ainsi récompensée toute personne ayant « bien mérité de l'Instruction publique », et plus particulièrement celles et ceux qui agissent pour le rayonnement de l'École primaire républicaine, gratuite, laïque et obligatoire. En 1897, 3 966 Palmes sont décernées. Un quart des récipiendaires sont fonctionnaires de l'Instruction publique, et parmi eux une bonne part d'instituteurs et d'institutrices. [...] En ce sens, les républicains utilisent l'institution des Palmes académiques comme « fabrique de héros », héros et héroïnes ordinaires, instituteurs et institutrices appelé(e)s à construire et affirmer l'École républicaine au tournant des XIXe et XIXe siècles. Plus largement, cette fabrique sert de point d'appui à l'administration de l'enseignement primaire pour gouverner un corps de fonctionnaires de plus en plus nombreux [...].

Bruno Dummons, Gilles Pollet, *La Fabrique de l'honneur*, Presses Universitaires de Rennes, 2009.

Comprendre et analyser les documents

1 **Quelle place occupe l'institutrice dans la hiérarchie du travail féminin (DOC. 1) ?**

....

....

....

2 **À quelle difficulté est confronté l'instituteur (DOC. 2) ?**

....

....

....

....

3 **Comment expliquez-vous l'augmentation spectaculaire du nombre d'instituteurs et d'institutrices à partir des années 1880 (DOCS 3 et 4) ?**

....

....

....

....

....

4 **Montrez que la République est reconnaissante du travail des instituteurs et des institutrices, en surlignant des passages du document (DOC. 5).**

CAPACITÉ

Construire une argumentation historique

5 **À l'aide de l'ensemble des documents, montrez que le métier d'instituteur/institutrice est une catégorie professionnelle socialement importante sous la Troisième République.**

....

....

....

COURS 2

LA PAYSANNERIE : UN MONDE TRANSFORMÉ PAR L'INDUSTRIALISATION

Les paysans : une population active

L'agriculture est le premier secteur d'activité jusqu'aux années 1930 en rassemblant plus de la moitié de la population active. C'est un monde marqué par la pluriactivité. En hiver, les paysans inactifs travaillent dans des usines installées en milieu rural ou pratiquent l'artisanat à domicile pour compléter leurs revenus modestes. Le monde agricole se compose de personnes ayant des statuts différents (journaliers, salariés agricoles, petits propriétaires, fermiers...), selon qu'elles possèdent ou non de leur terre.

À partir de la fin du XIXe siècle, la petite paysannerie est confrontée à d'importantes difficultés économiques. Des crises agricoles peuvent aussi survenir, comme la crise du phylloxéra qui pèse lourdement sur la viticulture.

De nouvelles manières de travailler dans les campagnes grâce à l'industrialisation

À partir des années 1920, la **mécanisation** gagne progressivement les campagnes et les premiers engrais chimiques font leur apparition. Leur utilisation augmente considérablement les rendements. Ces innovations techniques nécessitent une main-d'œuvre moins nombreuse. Beaucoup de ruraux s'installent alors en ville à la recherche d'un nouvel emploi, souvent peu qualifié. Cet **exode rural** s'accentue avec le développement du chemin de fer.

La **polyculture** laisse peu à peu place à une spécialisation agricole (élevage, culture maraîchère, céréaliculture...) dans des exploitations de plus en plus grandes. La révolution des transports permet de passer d'une agriculture locale de subsistance à une agriculture commerciale à l'échelle nationale. Avec la **loi de 1901 autorisant les associations**, le monde paysan se dote d'organisations comme la « Société des agriculteurs de France » pour accompagner les progrès techniques des campagnes.

→ J'EXPÉRIMENTE 3 - P. 24

Des conditions de travail très dures dans les colonies

Dans les colonies, les grandes **plantations** se développent (canne à sucre, café, coton...). Elles s'appuient essentiellement sur une main d'œuvre d'esclaves héritée de la traite atlantique. La discipline est sévère et les conditions de travail sont extrêmement difficiles. Grâce à **Victor Schœlcher** et aux abolitionnistes, **l'abolition de l'esclavage** est votée en **1848**.

Le XIXe siècle est aussi marqué par la colonisation de l'Afrique, présentée par les Français comme un élément civilisateur. Le **travail forcé**, aux conditions très dures, s'instaure dans les **colonies d'exploitation**. C'est en **1946** que la **loi Houphouët-Boigny** met définitivement fin au travail forcé dans les colonies.

→ J'EXPÉRIMENTE 4 - P. 26

POUR MÉMORISER

Écouter votre cours plusieurs fois vous permettra de mieux le retenir.

L'audio du cours. liennathan.fr/791viq

REPÈRES

- **1848** Abolition de l'esclavage
- **1901** Loi sur le droit d'association
- **1946** Loi Houphouët-Boigny

VOCABULAIRE & NOTIONS

- **Mécanisation :** introduction de machines dans le travail de la terre.
- **Exode rural :** migration massive des habitants des campagnes vers les villes.
- **Polyculture :** fait de cultiver plusieurs espèces végétales.
- **Plantation :** dans les colonies, exploitation agricole où généralement une seule culture est exploitée (monoculture). Elle est souvent entre les mains des colons ou d'une élite locale.
- **Travail forcé :** tout travail ou service exigé d'un individu sous la menace d'une peine quelconque et pour lequel cet individu ne s'est pas offert de plein gré.
- **Colonie d'exploitation :** colonie exploitée pour ses matières premières par la métropole.

DOC. 1

Paul Decauville

Paul Decauville (1846-1922) est ingénieur, industriel et homme politique français. Fils d'un exploitant agricole de l'Essonne spécialisé dans la production de la betterave sucrière, il inventa un type de voie de chemin de fer qui prit son nom pour l'acheminement des produits agricoles vers les villes.

DOC. 2

L'agriculture en France (première moitié du XXe siècle)

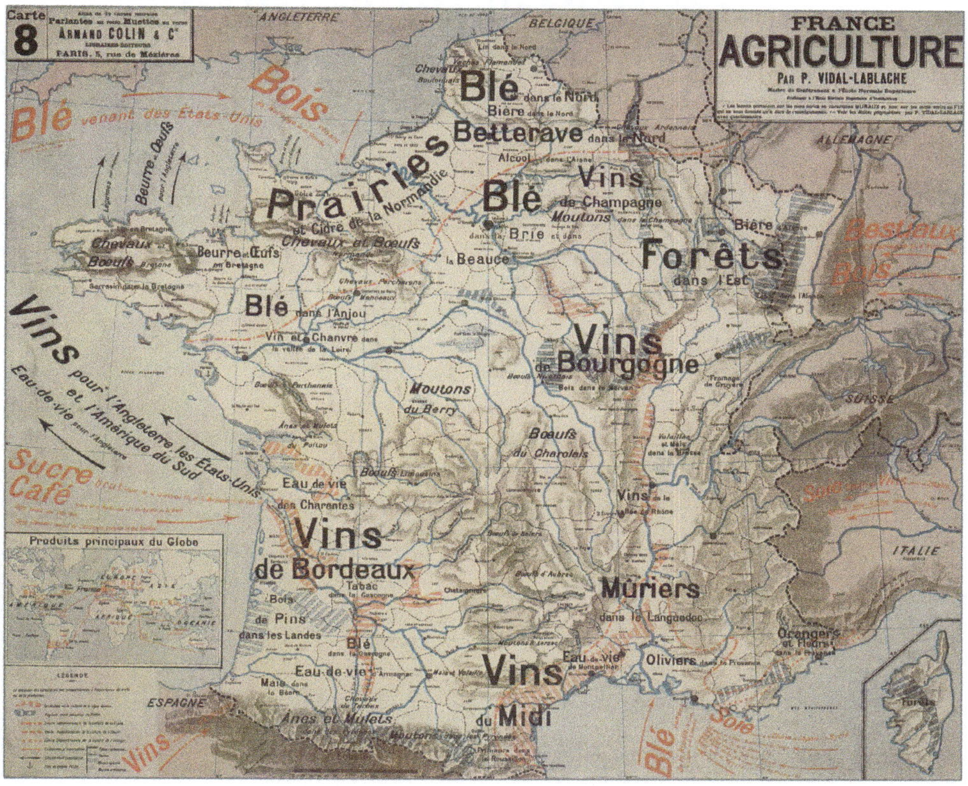

DOC. 3

Une citation

« Nous n'avons jamais pu concevoir un état intermédiaire entre la liberté et l'esclavage ; l'esclavage une fois aboli, doit mourir tout entier... Toute trace d'esclavage doit s'effacer sans retour. »

Cyrille Bissette, Abolitionniste martiniquais, 1835.

Lecture active du cours

1. Pourquoi peut-on dire que le monde rural est très diversifié ?

....

....

....

2. Relevez les innovations techniques qui permettent la modernisation du travail paysan.

....

3. Quel système remplace l'esclavage dans les colonies ?

....

4. Mettez chacun de ces trois documents en relation avec l'un des paragraphes du cours.

DOC. 1 : ....

DOC. 2 : ....

DOC. 3 : ....

SYNTHÈSE

5. Construisez une phrase avec les trois idées principales du cours.

....

....

....

ON EN PARLE AUTREMENT...

UNE BD
Étienne Davodeau, *Les Ignorants*, éd. Futuropolis, 2011.

Écoutez le cours associé.
liennathan.fr/5g27rh

3 Le travail de la terre : un monde en transformation

À partir de 1850, l'**industrialisation** provoque de nombreuses transformations dans les campagnes. Le monde paysan, encore très traditionnel au XIXe siècle, se modernise lentement.

➔ **Quelles transformations a connu le monde paysan aux XIXe et XXe siècles ?**

DOC. 1

Une société principalement rurale et agricole

Léon-Augustin Lhermitte, *La Paye des moissonneurs*, 1882. Musée d'Orsay, Paris.

DOC. 2

L'utilisation d'engrais chimiques vue comme un progrès

***Almanach paysan*, lithographie de Henri Gerbault, janvier 1911.**

CAPACITÉ

▶ Mener une démarche d'analyse historique

DOC. 3

La mécanisation des campagnes

Annonce publicitaire pour le tracteur agricole 18-25 CV Renault, vers 1947.

VOCABULAIRE & NOTIONS

- **Industrialisation :** processus d'extension et d'intensification des activités industrielles durant lequel la production industrielle dépasse la production agricole.
- **Mécanisation :** introduction de machines dans le travail de la terre.
- **Rendement :** ce que produit une terre par rapport à la surface cultivée.

?

Comprendre et analyser les documents

1. Quelles sont les caractéristiques du travail paysan avant l'industrialisation (DOCS 1 et 3) ?

....

....

2. Quelles sont les principales évolutions du travail des paysans (DOCS 2 et 3) ?

....

....

3. Décrivez le document publicitaire (DOC. 3).

....

....

....

....

....

....

CAPACITÉ

Mener une démarche d'analyse historique

4. Remplissez le tableau ci-dessous puis répondez à la question : comment le contexte d'industrialisation a modifié le travail paysan ?

	Avant la révolution industrielle	Après la révolution industrielle
Type de travail paysan et outils		
Engrais utilisés		
Rendements		
Conséquences sociales		

....

....

J'EXPÉRIMENTE

Écoutez le cours associé.
liennathan.fr/f9ax66

4 Le travail dans les plantations coloniales

Depuis 1848, l'esclavage est aboli dans les grandes **plantations** des colonies mais il a été remplacé par le **travail forcé**. Le travail colonial est au cœur de nombreux débats jusqu'à la **loi Houphouët-Boigny** en 1946 qui met fin au travail forcé.

➔ **Quels sont les différents points de vue sur le travail forcé dans les colonies ?**

DOC. 1

La vision officielle de la colonisation par la métropole

DOC. 2

Une critique de la domination coloniale dans la métropole

REPÈRES

- **1848** Abolition de l'esclavage
- **1946** Abrogation du travail forcé

VOCABULAIRE & NOTIONS

- **Plantation :** dans les colonies, exploitation agricole où généralement une seule culture est exploitée (monoculture). Elle est souvent entre les mains des colons ou d'une élite locale.
- **Travail forcé :** tout travail ou service exigé d'un individu sous la menace d'une peine quelconque et pour lequel cet individu ne s'est pas offert de plein gré.

CAPACITÉ

▶ **Confronter des points de vue d'acteurs différents sur le travail dans les campagnes coloniales**

DOC. 3

Témoignage d'une jeune Africaine envoyée dans une plantation de café en Côte d'Ivoire, années 1940

« Les conditions de travail et le travail lui-même étaient très durs. Nous demeurâmes un an dans la forêt et y effectuâmes le travail d'une plantation de café à tous les stades : débroussaillage, plantation de jeunes arbres, récolte d'anciens champs. La cueillette m'a paru un des travaux les plus pénibles. Il fallait respecter les cadences, autrement on recevait des coups de fouet. Nous étions constamment surveillés. Le soir, après les travaux des champs, nous, les femmes, devions assurer les travaux de cuisine et les corvées d'eau. Nous mangions mal [...]. Nous [les esclaves] dormions dans de vastes hangars de bois. Nous étions fatigués et souvent malades à cause du travail et de l'humidité du pays. Des travailleurs de mon groupe moururent de fatigue et beaucoup d'autres de maladies. Il y eut des tentatives de fuite. [...] Les évadés repris étaient battus si fort, qu'ils ne pouvaient plus se mouvoir pendant plusieurs jours. Pour suivre ces traitements, il fallait être costaud, docile et entretenir au fond de soi le ferme espoir d'un retour au pays. »

Anonyme, témoignage recueilli par Jeanne-Marie Kambou-Ferrand, *La Haute Volta coloniale*, 1995.

?

Comprendre et analyser les documents

1 Montrez que les colonies apportent de nombreuses richesses à la France (DOCS 1 et 2).

2 Qui sont les acteurs représentés sur les affiches (DOCS 1 et 2) ?

3 Comparez la façon dont est représentée la main d'œuvre coloniale (DOCS 1 et 2).

4 D'après vous, pourquoi la jeune femme du document 3 préfère-t-elle rester anonyme ?
Surlignez les éléments de son témoignage qui montrent l'utilisation du travail forcé dans les colonies.

CAPACITÉ

Confronter des points de vue

5 Remplissez le tableau ci-dessous en indiquant les différents points de vue sur le travail colonial.

La République française (point de vue officiel)	Le Parti communiste français (point de vue politique)	Une jeune Africaine (point de vue personnel)

COURS 3

LA « QUESTION SOCIALE » AU CENTRE DES PRÉOCCUPATIONS DES XIXE ET XXE SIÈCLES

POUR MÉMORISER

Écouter votre cours plusieurs fois vous permettra de mieux le retenir.

L'audio du cours. liennathan.fr/1upj50

Vers la légalisation des luttes sociales

Au XIXe siècle, émeutes et grèves se multiplient comme la **révolte des canuts**, qui éclate à **Lyon en 1831**, et marque durablement le monde ouvrier.

Les ouvriers revendiquent une hausse des salaires et une baisse du temps de labeur face à des conditions de travail de plus en plus difficiles, encore aggravées par des crises économiques. Le travail dans les usines soumet les ouvriers au rythme des machines et entraîne une perte de leur autonomie. Le monde ouvrier obtient par la lutte le **droit de grève en 1864**. La **loi Waldeck-Rousseau en 1884** autorise les **syndicats**. Ils sont indépendants des partis politiques, et regroupent de très nombreux travailleurs. La **CGT**, premier syndicat créé en 1895, compte plus d'un million d'affiliés en 1913. Les caisses de secours mutuel permettent de faire face aux aléas et les bourses de travail offrent la possibilité d'une formation professionnelle.

La classe ouvrière, malgré sa diversité, prend progressivement conscience de former un groupe social à part, et de partager des intérêts communs.

→ J'EXPÉRIMENTE 5 - P. 30

La République et la « question sociale »

La « **question sociale** » est au centre des préoccupations. Le **paternalisme** se développe dans le patronat pour décourager l'agitation ouvrière. Il offre des avantages aux ouvriers (logements, aménagement de jardins, construction de dispensaires…). Certains mouvements politiques, anarchistes, socialistes, catholiques sociaux, veulent améliorer le sort des ouvriers. Mais c'est le gouvernement de la République qui légifère.

La création des **Ateliers nationaux en 1848** tente de résoudre le chômage ouvrier et de mettre en place « le droit au travail ». La **loi sur l'indemnisation des accidents du travail en 1898** donne droit à une indemnité à la charge du chef d'entreprise.

Par ailleurs, plusieurs lois sont votées pour limiter le travail des enfants. Les **lois Ferry en 1881-1882** posent les bases d'une école gratuite, laïque et obligatoire, et créent les premières écoles nationales professionnelles.

→ J'EXPÉRIMENTE 6 - P. 32

Les avancées sociales du début du XXe siècle

En 1906, le Ministère du travail est créé. La **loi Astier sur l'enseignement technique en 1919** institue la formation professionnelle. Les **lois sur les assurances sociales en 1928** améliorent les conditions de vie des salariés en les couvrant des maladies, de l'invalidité et de la vieillesse. Salaires et **droits sociaux** progressent donc au début du XXe siècle mais les fortes inégalités entre hommes et femmes subsistent.

Les avancées sociales s'accélèrent sous le **Front populaire en 1936** avec la signature les **accords de Matignon**. Ils octroient une augmentation des salaires, l'institution de la semaine de 40 heures et deux semaines de congés payés. Le droit syndical se renforce grâce aux **conventions collectives**. Les **lois scolaires de Jean Zay** permettent de prolonger l'obligation scolaire de 13 à 14 ans. **L'instruction publique** se démocratise.

→ J'EXPÉRIMENTE 7 - P. 34

VOCABULAIRE & NOTIONS

- **Syndicat :** association de travailleurs pour défendre les intérêts professionnels et les droits sociaux.
- **« Question sociale » :** préoccupation politique cherchant à améliorer les conditions de vie et de travail des groupes sociaux les moins favorisés, notamment les ouvriers.
- **Paternalisme :** doctrine du patronat qui cherche à agir comme un « père » en accordant des avantages aux ouvriers afin d'éviter toute contestation sociale.
- **Droits sociaux :** droits et libertés individuels ou collectifs garantissant des progrès des conditions d'existence.
- **Front populaire :** alliance des partis de gauche élue aux élections de 1936 qui mène une politique sociale destinée aux classes défavorisées.
- **Convention collective :** accord conclu entre l'employeur et les syndicats de salariés pour définir les conditions d'emploi des travailleurs et les garanties sociales.
- **Instruction publique :** système d'éducation géré, financé, et organisé par l'État à partir de la fin du XIXe siècle.

DOC. 1

Jean Jaurès, fondateur de *L'Humanité*, journal socialiste

Jean Jaurès (1859-1914), homme politique français, participe, en 1905, à la création de la Section française de l'Internationale ouvrière (SFIO). Il a soutenu les grévistes de Carmaux en 1892 qui dénonçaient les conditions de travail à la mine.

Écoutez l'audio sur le droit de grève.
liennathan.fr/77g4pl

DOC. 2

Jules Adler (1865 - 1952), *La Grève au Creusot*, 1899

Musée des Beaux-Arts, Pau.

REPÈRES

- **1831** Révolte des canuts lyonnais
- **1848** Création des Ateliers nationaux
- **1864** Droit de grève
- **1881-1882** Lois Ferry
- **1884** Droit se réunir en syndicat
- **1898** Loi sur l'indemnisation des accidents du travail
- **1919** Loi Astier
- **1928** Loi sur les assurances sociales
- **1936** Front populaire

?

Lecture active du cours

1 Surlignez les deux lois qui légalisent les luttes sociales des ouvriers.

....

....

2 Dans les paragraphes 2 et 3, relevez une date qui vous semble décisive. Justifiez.

Paragraphe 2 : ....

Paragraphe 3 : ....

3 Comment l'enseignement progresse-t-il au cours des XIXe et XXe siècles ?

....

....

4 Mettez chacun de ces trois documents en relation avec l'un des paragraphes du cours.

DOC. 1 : ....

DOC. 2 : ....

SYNTHÈSE

5 Construisez une phrase avec les trois idées principales du cours.

....

....

....

....

J'EXPÉRIMENTE

Écoutez le cours associé.
liennathan.fr/o0x8g3

5 La révolte des canuts lyonnais

Les canuts sont des ouvriers artisans, tisseurs de soie à Lyon. Ils travaillent dans des **manufactures** pour des « soyeux », négociants qui achètent la matière première et vendent les étoffes. En 1831, les canuts cherchent à obtenir des négociants un tarif minimum garanti pour leur travail. Face à leur refus, la révolte éclate.

➔ **Comment la révolte des canuts en 1831 illustre-t-elle les luttes ouvrières ?**

DOC. 1

Le budget d'un tisserand au XIXe siècle

« Je gagne 2 francs par jour [le maximum pour un ouvrier en tissage]. Ma Femme est dentellière à domicile, et gagne 15 centimes par jour. J'ai quatre enfants, l'aînée a 10 ans.

- On mange 24 kilogrammes de pain bis par semaine à 22,5 centimes le kg ....5,40 francs
- La viande est trop chère : nous ne mangeons que des débris trois fois par semaine, à 25 centimes ....0,75 franc
- Il n'y a que moi qui mange du beurre, à raison de 250 g par semaine ....0,50 franc
- Ma femme et mes enfants mangent de la mélasse ou des fruits avec leur pain ..... 0,80 franc
- Autres dépenses de la semaine :
  - pommes de terre et haricots.....................1 franc
  - lait (une demi-pinte par jour).................0,35 franc
  - loyer d'une cave à trois mètres au-dessous du sol............................1,50 franc
  - charbon ....1,35 franc
  - savon et éclairage ....1,10 franc
- Total des dépenses pour la semaine......... 12,75 francs

Nous recevons du bureau de bienfaisance, trois kilos de pain tous les quinze jours. Ma fille aînée reçoit aux vacances, chez les sœurs, soit un mouchoir, soit une chemise. Les trois petits reçoivent à la salle d'asile, tous les ans à Noël, une robe de molleton, une chemise, quelquefois des bas. Malgré cette faveur et malgré notre travail, sous peine d'être nus, nous vivons comme des mendiants. »

René Souriac, *Histoire de France, 1750-1995 : Société, culture*, 1996 ; d'après 1848, *Le Livre du Centenaire Atlas.*

M. Férat, *La Crise lyonnaise - Intérieur d'un tisseur de soie*, 1860. Musée Gadagne, Lyon.

DOC. 2

L'insurrection des canuts les 20-22 novembre 1831

Anonyme, *Les Événements de Lyon*, 22 novembre 1831.
Combat du Pont Morand, gravure sur cuivre, 1831. Musée Gadagne, Lyon.

Les troupes du roi Louis-Philippe répriment cette révolte.
Les tarifs que condamnaient les canuts sont maintenus.

VOCABULAIRE & NOTIONS

• **Manufacture :** industrie de la soie à Lyon où au sein de la « Fabrique », les canuts produisent les tissus avec le matériel acheté par le négociant (ou fabricant).

CAPACITÉ

▶ Situer un événement dans son contexte pour l'expliquer

DOC. 3

Un nouveau journal créé par les canuts raconte le contexte de leur révolte

Depuis bien des années la manufacture d'étoffes de soie de Lyon éprouve des baisses successives dans ses prix de fabrication, et une augmentation progressive de peines et de travaux dans la main-d'œuvre. Cet état de détresse est le fruit de la cupidité et de l'égoïsme des chefs de commerce [les négociants]. Le maître-ouvrier [...] ne peut se précautionner contre les temps de disette et les variations du prix des façons ; que même il ne peut se procurer le strict nécessaire. [...] Sans défense jusqu'à ce jour contre les menées du commerce, [...] ils se proposent de faire connaître avec précision [...] la cause du malaise général dont souffre cette même population, et les moyens d'établir un équilibre. [...] C'est dans cet unique but qu'un journal par actions, spécialement consacré à la manufacture d'étoffes de soie et de toutes les industries qui s'y rattachent, paraîtra tous les dimanches, à dater du 30 octobre prochain.

Premier numéro de *L'Écho de la Fabrique* (journal industriel), 27 novembre 1831.

DOC. 4

La mémoire de la révolte : la chanson des canuts

Écoutez la chanson des canuts.
liennathan.fr/e325dj

Pour chanter *Veni Creator*[1]
Il faut avoir chasuble d'or.
Nous en tissons pour vous, grands de l'Église,
Et nous, pauvres canuts, n'avons pas de chemise.
C'est nous les canuts,
Nous sommes tout nus.
Pour gouverner il faut avoir
Manteaux et rubans en sautoir.
Nous en tissons pour vous, grands de la terre,
Et nous, pauvres canuts, sans drap on nous enterre.
C'est nous les canuts,
Nous allons tout nus.
Mais notre règne arrivera
Quand votre règne finira
Nous tisserons le linceul du vieux monde
Car on entend déjà la tempête qui gronde.

1. Chant religieux chrétien

Aristide Bruant, *Le Chant des canuts*, 1894.

?

Comprendre et analyser les documents

1 Quelles sont les causes de la révolte des canuts en 1831 (DOCS 1,2 et 3) ?

....

....

2 Comment se termine l'insurrection des canuts (DOC. 2) ?

....

....

3 Pourquoi le combat des canuts est-il resté dans les mémoires ouvrières (DOC. 4) ?

....

....

....

....

....

CAPACITÉ

Situer un événement dans son contexte pour l'expliquer

4 Complétez le schéma suivant pour expliquer la révolte des canuts dans son contexte.

Causes lointaines :
DOC. 1 : ....
....

Causes immédiates :
Introduction : ....
DOC. 3 : ....

RÉVOLTE DES CANUTS EN 1831

Conséquences immédiates :
DOC. 2 : ....
....

Conséquence lointaine :
DOC. 4 : ....
....

Écoutez le cours associé.
liennathan.fr/f880ax

6

Les Ateliers nationaux et les espoirs déçus de 1848

La révolution de février 1848 met fin à la monarchie de Juillet dirigée par Louis-Philippe dans un contexte de malaise social et de crise économique. Dès le lendemain de la proclamation de la IIe **République**, le républicain Louis Blanc proclame le droit au travail grâce aux **Ateliers nationaux**.

➔ **Pourquoi les Ateliers nationaux sont-ils révélateurs des espoirs déçus des ouvriers en 1848 ?**

DOC. 1

La révolution de février 1848 chasse le roi Louis-Philippe

Anonyme, *Le Trône de Louis-Philippe est brûlé pendant la révolution*, gravure, 1848.

DOC. 2

Les Ateliers nationaux garantissent le droit au travail

Le 25 février, le gouvernement provisoire [de la République] rendait un décret par lequel il garantissait l'existence de l'ouvrier par le travail. Le décret qui instituait les Ateliers nationaux fut rendu le 27 ; le 28, le ministre des Travaux publics annonçait à tous les travailleurs sans ouvrage[1] (au nombre de 7 à 8,000) que des travaux importants allaient être entrepris sur divers points, et que les maires des douze arrondissements seraient chargés de recevoir les demandes d'ouvrage et de diriger les ouvriers vers les chantiers. Le nombre des travailleurs inoccupés augmentant dans une progression rapide, à mesure que l'ouvrage diminuait dans les ateliers particuliers et que les manufactures et les usines se fermaient, les mairies furent assiégées de demandes.

1. Au chômage

Marie d'Agoult (sous le pseudonyme Daniel Stern),
Histoire de la révolution de 1848, 1851.

VOCABULAIRE & NOTIONS

- **République :** régime politique dans lequel le pouvoir ne se transmet pas de manière héréditaire.
- **Ateliers nationaux :** chantiers créés pour garantir le droit au travail des ouvriers.

DOC. 3
La fermeture des Ateliers nationaux

Grâce aux Ateliers nationaux, l'État entend ainsi fournir, organiser et financer le travail, et payer, voire soigner les ouvriers. [...] Mais le nombre de demandeurs ne cesse de croître, des hommes affluant même de toute la province. Dès le mois d'avril, plus de 100 000 inscrits sont ainsi pris en charge, alors que le nombre de chantiers ne suffit plus à leur fournir du travail. La victoire des républicains conservateurs ou modérés aux élections de l'Assemblée constituante du 23 avril précipite la dissolution des Ateliers nationaux, jugés inefficaces, coûteux et dangereux. Prononcée le 21 juin, elle provoque des révoltes ouvrières et populaires à Paris du 23 au 26 juin, que le général Cavaignac réprime dans le sang (4 000 morts et 4 000 prisonniers).

Alexandre Sumpf, *Les Ateliers nationaux*, article paru sur le site l'Histoire par image, 2010.

DOC. 4
L'armée tire sur les ouvriers révoltés

Ernest Meissonier, *La Barricade, rue de la Mortellerie*, 1848. Musée du Louvre, Paris.

Ernest Meissonier, alors capitaine d'artillerie dans la Garde nationale, a été le témoin des affrontements et du massacre des insurgés d'une barricade de la rue de l'Hôtel-de-Ville (ancienne rue de la Mortellerie), en juin 1848.

?

CAPACITÉ

Compléter un schéma simple

1 **Complétez le schéma suivant pour comprendre comment les Ateliers nationaux ont représenté à la fois un espoir et une déception pour les ouvriers en 1848.**

Le contexte (introduction et DOC. 1) : …

→ **La création d'un nouveau régime** (DOCS. 1 et 2) : …

→ **La création des ateliers nationaux** (DOCS 2 et 3) : …

En juin 1848 (DOCS 3 et 4) : …

↓

Les conséquences :
Rupture entre la classe ouvrière et le régime républicain

J'EXPÉRIMENTE

Écoutez le cours associé.
liennathan.fr/6l9t5n

7 L'œuvre sociale du Front populaire (1936-1938)

Le **Front populaire** remporte les élections législatives de 1936 dans un contexte marqué par la crise économique, sociale et politique. C'est un moment d'espoir pour la classe ouvrière qui attend une amélioration de ses conditions de travail et de vie. Un grand mouvement de grève est organisé pour soutenir le gouvernement. Celui-ci permet l'obtention de lois sociales importantes.

➔ **Pourquoi les réformes du Front populaire sont-elles des conquêtes sociales ?**

DOC. 1 Les grèves de la joie à la Une de la revue *Le Miroir du monde*, 6 juin 1936

DOC. 2 Les grèves de 1936 vues par le poète Jacques Prévert

La faim...
La fatigue... le travail... la misère... le chômage...
Le travail... la faim... le froid... la chaleur... la poussière
La poussière... la fatigue... la fatigue et l'ennui.
Voilà la vie des travailleurs [...]
Soudain le travail se réveille, casse sa chaîne...
Pose son outil... et tous les travailleurs se réveillent avec lui.
Et tous les cœurs se mettent à battre avec un grand bruit...
L'ennui s'enfuit... l'espoir s'amène...
Et voilà qu'il pousse un grand cri : la grève...
La grève... partout... partout la grève...
C'est une grève comme on n'en a pas vu souvent
Et le patronat grince des dents
Les ouvriers occupent les chantiers... les usines...
Les mineurs couchent dans leurs mines
Les garçons-épiciers campent chez Félix-Potin[1]
Et ça dure des jours et des jours
Et ça dure des jours et des nuits...

1. Félix-Potin : une marque d'épicerie.

Jacques Prévert, « Printemps...été...1936 », *Octobre*, éd. Fatras, 1936.

DOC. 3 Des femmes au gouvernement pour la première fois

La Française
Journal d'information et d'action féminines
PARAIT LE SAMEDI

Trois Femmes font partie du Gouvernement

Par la grande porte...

Vers l'égalité

LES FEMMES VEULENT LE DROIT DE VOTE

Centre des archives du féminisme, Bibliothèque universitaire d'Angers.

VOCABULAIRE & NOTIONS

- **Front populaire :** alliance des partis de gauche (communistes, socialistes et radicaux) qui remporte les élections législatives en 1936.
- **Patronat :** ensemble constitué par les patrons pour défendre leurs intérêts communs.
- **Syndicat :** association de travailleurs pour défendre les intérêts professionnels et les droits sociaux.
- **Convention collective :** accords conclus entre l'employeur et les syndicats de salariés pour définir les conditions d'emploi des travailleurs et les garanties sociales.

CAPACITÉ

▶ Rendre compte à l'oral d'un événement historique

DOC. 4

Les accords de Matignon

La une du quotidien *Le Peuple*, 8 juin 1936.

LE PEUPLE

QUOTIDIEN DU SYNDICALISME

VICTOIRE sur la misère !

8 millions de salariés obtiennent satisfaction

La C.G.T. et la Confédération générale de la Production française signent un accord en présence du président du Conseil et du ministre de l'Intérieur

CGT : syndicat ouvrier, Confédération générale du travail
Confédération générale de la production française : le patronat

DOC. 5

Les réformes du Front populaire

- **7 juin 1936 :** reconnaissance de la liberté syndicale ; délégués élus représentants du personnel dans les entreprises (Accords de Matignon).
- **11 juin 1936 :** loi sur les conventions collectives ; loi sur la mise en place des congés payés annuels (deux semaines) ; mise en place des « Billets populaires de congé annuel » pour le chemin de fer à prix réduit.
- **12 juin 1936 :** loi sur la semaine de 40 heures de travail (au lieu de 48 heures).
- **21 juin 1936 :** loi sur la scolarité obligatoire jusqu'à 14 ans (au lieu de 13 ans) mise en œuvre par Jean Zay.
- **31 août 1937 :** nationalisation de la compagnie de chemin de fer et création de la SNCF.

?

Comprendre et analyser les documents

1 Surlignez les mots utilisés par Prévert pour décrire les conditions de travail des ouvriers (DOC. 2).

2 Décrivez les grèves de 1936. Pourquoi les appelle-t-on les « grèves de la joie » (DOCS 1 et 2) ?

....

....

3 Selon ce journal, quels sont les acteurs à l'origine des accords de Matignon (DOC. 4) ?

....

....

....

4 Classez les réformes du Front populaire (DOCS 3, 4 et 5).

Politiques et syndicales	Sociales	Économiques	Scolaires
....	....	....	....
....	....	....	....
....	....	....	....
....	....	....	....
....	....	....	....
....	....	....	....

CAPACITÉ

Rendre compte à l'oral d'un événement historique

5 Membre du gouvernement du Front populaire, vous donnez une interview à la radio où l'on vous demande d'expliquer aux auditeurs pourquoi les réformes mises en œuvre par le Front populaire sont des conquêtes sociales. Vous travaillerez par groupes de deux pour réaliser cette interview que vous enregistrerez sur votre téléphone.

PROJET

Les Françaises au travail : un combat vers l'égalité

➔ **Pourquoi peut-on dire que le travail permet aux femmes de faire progresser le combat vers l'égalité ?**

DOC. 1

Aux femmes françaises, affiche de 1914

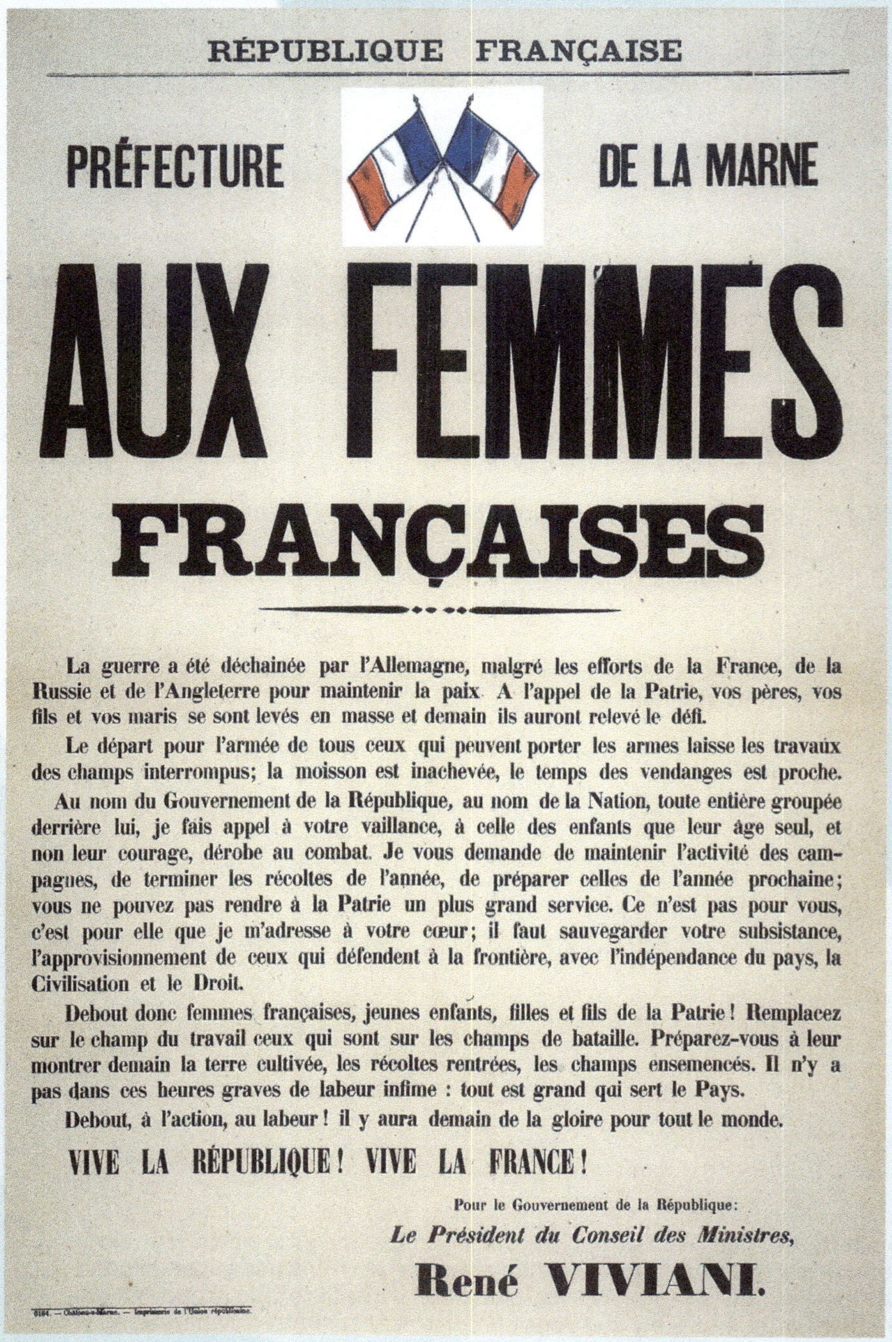

RÉPUBLIQUE FRANÇAISE

PRÉFECTURE DE LA MARNE

AUX FEMMES FRANÇAISES

La guerre a été déchainée par l'Allemagne, malgré les efforts de la France, de la Russie et de l'Angleterre pour maintenir la paix. A l'appel de la Patrie, vos pères, vos fils et vos maris se sont levés en masse et demain ils auront relevé le défi.

Le départ pour l'armée de tous ceux qui peuvent porter les armes laisse les travaux des champs interrompus; la moisson est inachevée, le temps des vendanges est proche.

Au nom du Gouvernement de la République, au nom de la Nation, toute entière groupée derrière lui, je fais appel à votre vaillance, à celle des enfants que leur âge seul, et non leur courage, dérobe au combat. Je vous demande de maintenir l'activité des campagnes, de terminer les récoltes de l'année, de préparer celles de l'année prochaine; vous ne pouvez pas rendre à la Patrie un plus grand service. Ce n'est pas pour vous, c'est pour elle que je m'adresse à votre cœur; il faut sauvegarder votre subsistance, l'approvisionnement de ceux qui défendent à la frontière, avec l'indépendance du pays, la Civilisation et le Droit.

Debout donc femmes françaises, jeunes enfants, filles et fils de la Patrie! Remplacez sur le champ du travail ceux qui sont sur les champs de bataille. Préparez-vous à leur montrer demain la terre cultivée, les récoltes rentrées, les champs ensemencés. Il n'y a pas dans ces heures graves de labeur infime : tout est grand qui sert le Pays.

Debout, à l'action, au labeur! il y aura demain de la gloire pour tout le monde.

VIVE LA RÉPUBLIQUE! VIVE LA FRANCE!

Pour le Gouvernement de la République:

Le Président du Conseil des Ministres,

René VIVIANI.

DOC. 2

Affiche réalisée par le parti Socialiste unifié (PSU) pour l'égalité hommes-femmes, 1972

PROJET

- Quelle est la situation des femmes dans le monde du travail aujourd'hui ? Réalisez une affiche qui en témoigne.
- Pour vous aider rendez-vous sur le site « la grande cause du quinquennat ».

Consultez le site Internet.
liennathan.fr/j3h7u6

HISTO-ART

La condition ouvrière

➔ Comment le film de Gérard Mordillat, *Mélancolie ouvrière* (2018) retrace-t-il le combat d'une ouvrière engagée ?

Gérard Mordillat (né en 1949)
Romancier, poète et cinéaste français, Gérard Mordillat est un artiste engagé. Son œuvre soutient les combats des catégories populaires.
Dans *Mélancolie ouvrière*, il aborde la vie de Lucie Baud, une des premières syndicalistes ouvrières.

Lucie Baud (1870- 1913)
Ouvrière et syndicaliste, Lucie Baud est issue d'une famille de paysans pauvres de la région de Grenoble. Son parcours permet de comprendre le travail des ouvrières dans l'industrie textile mais aussi le combat syndical conduit pour obtenir de meilleures conditions de travail pour les femmes. Elle est à l'initiative d'un mouvement de grève de 104 jours dans son usine en 1905.

Lucie Baud raconte les conditions de travail des ouvrières à Vizille.

« Je suis entrée comme apprentie chez MM. Durand frères, au Péage-de-Vizille, au commencement de 1883. J'avais alors douze ans. Il y avait, à cette époque, dans l'usine, environ 800 tisseuses. On y travaillait 12 heures, et quelquefois 13 heures par jour ; les métiers battaient 80 coups à la minute ; les ouvrières étaient alors rares qui avaient à conduire deux métiers, et à peine si quelques-unes faisaient rouler trois métiers, à deux. On arrivait à gagner de 130 à 150 francs par mois ; et avec cela, un bon travail et de la très bonne matière. [...] Quelques années plus tard, au début de 1888, je vins travailler à Vizille, à la maison Duplan. Là, on gagnait un peu plus parce que le matériel y était perfectionné. Les métiers battaient 120 coups à la minute et les patrons soyeux engageaient le plus possible leurs ouvrières à conduire deux métiers à la fois. Cela s'accentua encore lorsqu'arriva la grande mode de la mousseline. Il en résulta un commencement de baisse des salaires, mais comme il n'y avait aucune organisation, personne n'osa protester. Dès lors, chaque année apporta de nouvelles modifications mécaniques, de nouveaux métiers, de nouvelles transformations ; et avec chaque perfectionnement du matériel, c'était une nouvelle diminution de salaires. »

Lucie Baud, *Le Mouvement socialiste*, juin 1908.

CAPACITÉS

- Situer un document dans son contexte pour l'expliquer
- Confronter le savoir acquis en histoire avec ce qui est entendu, vu, lu et vécu

Analyser une affiche et un témoignage

ÉTAPE 1 SITUER UN DOCUMENT DANS SON CONTEXTE POUR L'EXPLIQUER

1 Dans le témoignage de Lucie Baud, soulignez de trois couleurs différentes : en rouge la durée de travail ; en bleu les informations sur les salaires des ouvrières ; en vert les évolutions des conditions de travail dans cette usine.

ÉTAPE 2 CONFRONTER LE SAVOIR ACQUIS EN HISTOIRE AVEC CE QUI EST ENTENDU, VU, LU ET VÉCU

2 Après avoir regardé la bande annonce, complétez les informations pour confronter le témoignage de Lucie Baud à cette adaptation cinématographique.

Personnages et attitudes : ....
....
Lieux ou éléments de l'usine représentés : ....
....
Cadrage et/ou musique : ....
....

Personnages et attitudes : ....
....
Lieux ou éléments de l'usine représentés : ....
....
Cadrage et/ou musique : ....
....

Personnages et attitudes : ....
....
Lieux ou éléments de l'usine représentés : ....
....
Cadrage et/ou musique : ....
....

Personnages et attitudes : ....
....
Lieux ou éléments de l'usine représentés : ....
....
Cadrage et/ou musique : ....
....

JE RETIENS AUTREMENT

Les repères du Thème 1

Une **frise chronologique** est un outil pour se repérer dans le temps et pour comprendre les évolutions d'une période donnée. C'est une ligne qui représente le temps avec une flèche. Elle peut être horizontale ou verticale. Une fois complétée, elle permet de situer des évènements les uns par rapport aux autres.

Construisez une frise chronologique identifiant les acteurs de la question sociale, leurs modalités d'action et les principales avancées sociales entre le XIXe siècle et 1946 (métropole et colonies).

....

....

1946
▶ Abrogation du travail forcé dans les colonies

....

....

A ....
▶ Loi Astier sur l'enseignement technique

....

....

....

....

....

....

....

....

....

....

....

....

B **1831**
▶ ....

....

....

....

....

....

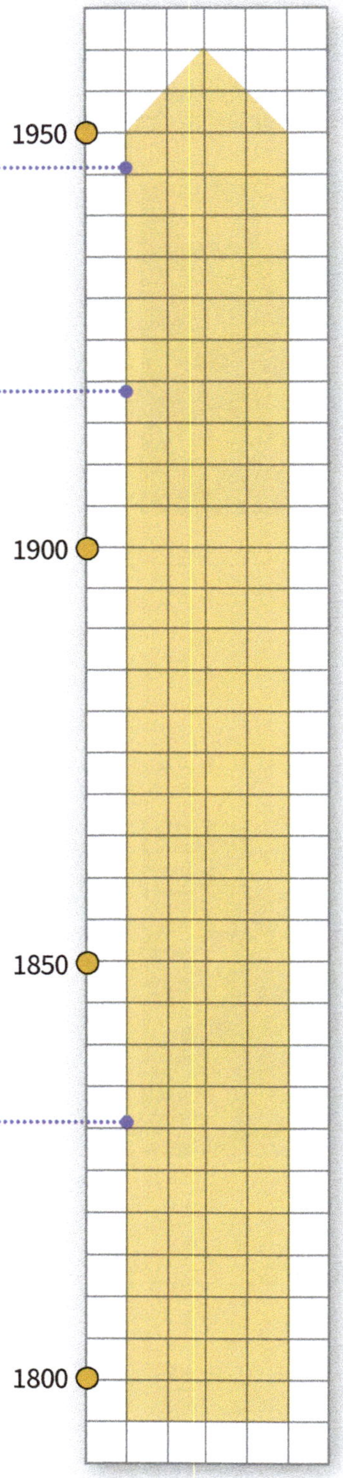

ÉTAPE 1
▶ Une frise chronologique a toujours une échelle. Chaque carreau représente un temps donné.
• *2 carreaux = 10 ans*

ÉTAPE 2
▶ Identifiez la date ou l'évènement correspondant aux exemples **A** et **B**, puis complétez la frise avec les repères du thème 1, p. 14-15.

ÉTAPE 3
▶ Soulignez en rouge les principaux mouvements ouvriers, et en vert les principales lois sociales de la période.

JE RETIENS AUTREMENT

Les notions du Thème 1

Une **carte mentale** permet de structurer sa pensée et ses connaissances. Elle présente au centre une **idée générale** à partir de laquelle s'organisent les **idées secondaires** de plus en plus précises et les **exemples**.

Complétez la carte mentale avec les notions étudiées dans ce thème. Aidez-vous des cases déjà remplies et des propositions suivantes.

- taylorisme
- industrialisation
- exode rural
- artisanat
- agriculture
- féminisation des emplois
- plantations
- usine
- syndicats
- question sociale
- instruction publique

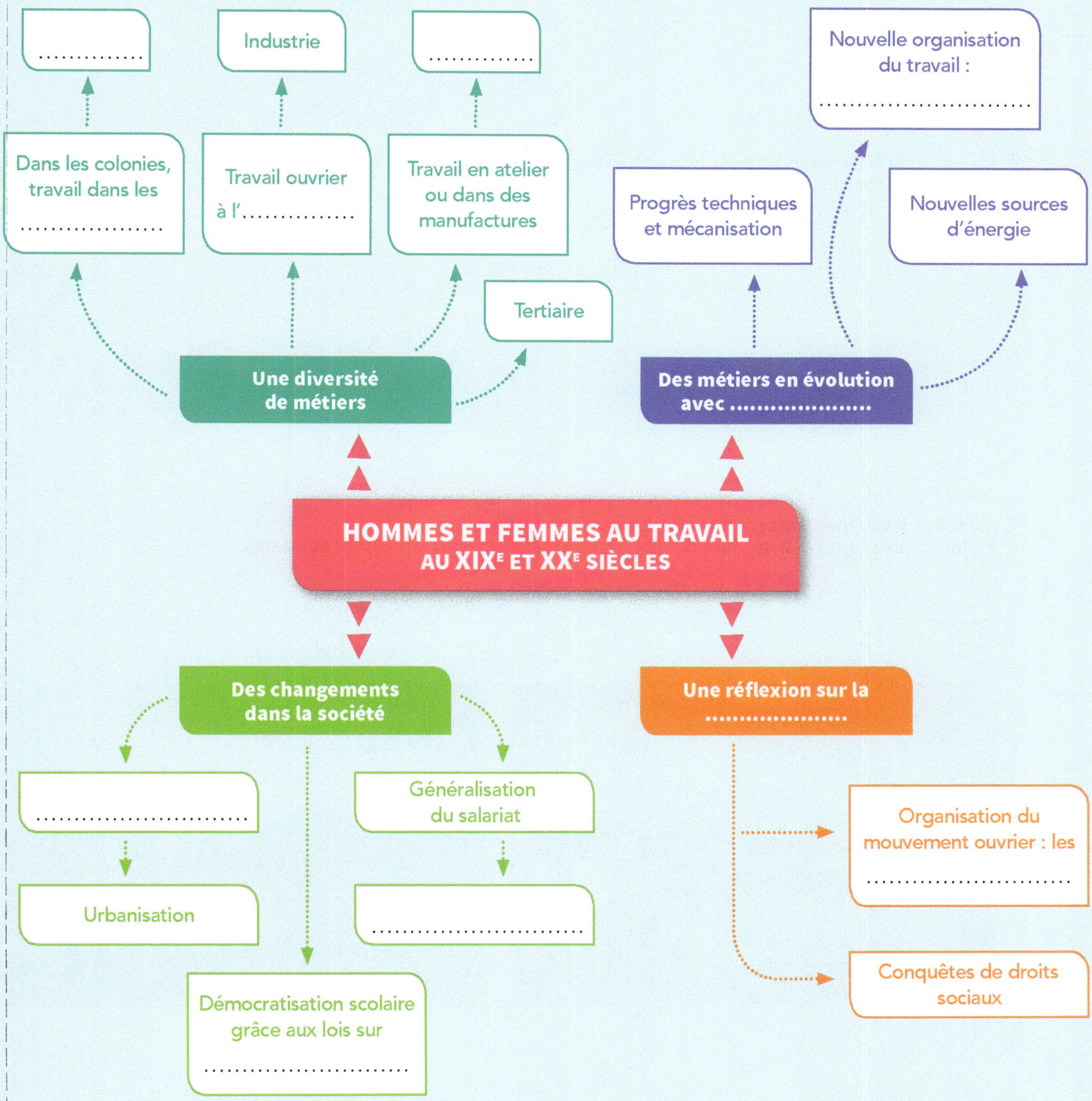

VERS LE BAC

Le jour de l'épreuve, vous êtes évalué(e) sur la connaissance des repères historiques du programme. Cet exercice peut comporter un ou des documents à compléter (frises, croquis, schémas, définitions ou tableaux). Vous serez également amené(e) à répondre à des questions sur un ou deux documents.

PREMIÈRE PARTIE

Connaître les repères

1 Complétez les informations demandées pour chaque repère historique.

Repère historique 1
Nom du repère :
Ateliers nationaux
Date du repère :
....

Repère historique 2
Nom du repère :
Reconnaissance du droit de grève
Date du repère :
....

Repère historique 3
Nom du repère :
Lois Ferry sur l'école gratuite, laïque et obligatoire.
Date du repère :
....

2 Placez sur la frise chronologique les repères historiques de l'exercice 1.
Indiquez-les avec les numéro 1, 2 et 3.

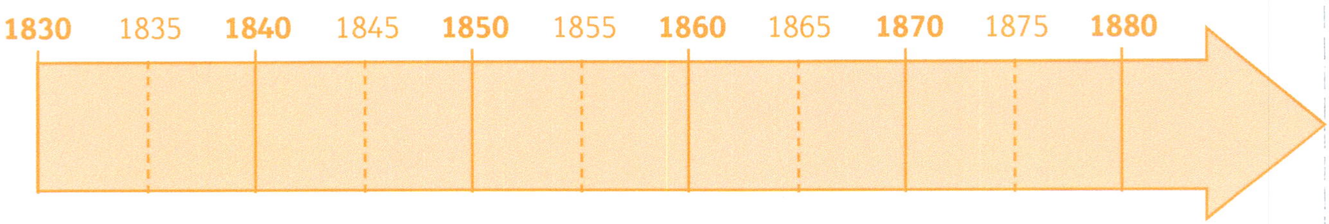

3 Identifiez les événements représentés dans les documents A et B.
Indiquez ensuite sur la frise chronologique les lettres A et B correspondant aux dates.

Document A

....

Document B

....

SECONDE PARTIE

DOC. 1

Le règlement des ateliers de construction du Creusot, 1848

Art. 2 – La durée de la journée sera fixée selon les besoins des travaux par l'administration de l'Établissement, sans pouvoir toutefois dépasser 12 heures de travail effectif.

Art. 3 – Le montant du salaire est réglé à tant par heure, suivant la force de l'ouvrier, dans la partie où il est occupé.

Art. 4 – Tout ouvrier, en entrant dans l'Établissement, doit déposer son livret ou ses papiers au bureau du comptable de son atelier, où ils seront immédiatement enregistrés.

Art. 5 – Après la rentrée, aucun ouvrier ne doit s'éloigner de son travail, à moins de justifier son absence par une permission du chef d'atelier.

Art. 8 – Il est défendu :
- de fumer durant les heures de travail ;
- de faire entrer dans les ateliers aucune liqueur spiritueuse, sans une permission expresse ;
- d'y lire des imprimés, journaux ou autres écrits, et d'y former des groupes.

DOC. 2

Les ouvriers dans l'industrie sidérurgique

André Rixens, *Laminage de l'acier, enfournement et défournement des lingots, établissement de Wendel à Hayange*, 1887.
Écomusée Creusot-Montceau.

Répondre aux questions sur les documents

1. Présentez les deux documents (nature, auteur, date). Vous insisterez sur le contexte.

....

....

2. D'après les deux documents, quelles sont les conditions de travail des ouvriers ?

....

....

3. Relevez des exemples d'obligations et d'interdictions faites aux ouvriers (DOC. 1).

....

....

4. Expliquez les craintes des patrons qui transparaissent derrière les interdictions de l'article 8 (DOC. 1).

....

....

....

Thème 2

GUERRES EUROPÉENNES, GUERRES MONDIALES, GUERRES TOTALES (1914-1945)

Entre 1914 et 1945, deux conflits planétaires éclatent. Ils plongent les populations et les États de l'Europe et du monde dans des périodes de violence inédite. La Grande Guerre et la Seconde Guerre mondiale sont des **guerres totales** qui bouleversent les relations internationales. Chacune d'elles a des conséquences dramatiques mais donne l'espoir d'établir un monde nouveau où règnerait la paix.

➔ **Quelles sont les caractéristiques des deux conflits mondiaux ? Comment donnent-ils naissance à des espoirs de paix ?**

D'hier...

DOC. 1

Famille se recueillant sur la tombe d'un soldat à Chambry (Seine-et-Marne) en 1915

À L'ORAL

1. Décrivez les deux documents.
2. Quels points communs et différences identifiez-vous entre ces deux documents ?

Capacités travaillées

- Identifier une notion, **p. 50**
- Confronter des points de vue sur le traité de Versailles, **p. 52**
- Raconter l'engagement d'un défenseur de la paix, **p. 54**
- Compléter et mettre en relation deux cartes présentant la dimension mondiale des deux guerres, **p. 58**
- Rechercher des informations sur les processus de déportation pendant la Secondes Guerre mondiale, **p. 60**
- Situer un acteur dans un contexte pour préciser son rôle, **p. 64**
- Questionner des documents pour conduire une analyse historique, **p. 66**
- Questionner une œuvre d'art pour construire une analyse historique, **p. 70**

Les ressources du thème

- L'apport des troupes coloniales, **p. 51**
- Le traité de Versailles, **p. 52**
- Aristide Briand, l'apôtre de la paix, **p. 55**
- L'ONU, **p. 56**
- Le mémorial de la Shoah, **p. 59**
- Yad Vashem, **p. 59**
- L'interview de Lucie Aubrac, **p. 65**
- Le discours de De Gaulle à Brazzaville, **p. 67**
- L'Affiche rouge, **p. 68**
- Otto Dix, *Les Joueurs de Skat*, **p. 70**

Regardez la vidéo du thème.
liennathan.fr/5up6r3

… à aujourd'hui

DOC. 2

Commémoration du 11 novembre à Paris en 2017

Ça me concerne

3. **Pourquoi, selon vous, ces documents ont été choisis pour illustrer ce thème ?**
4. **Que pensez-vous savoir sur ce thème ?**

SE REPÉRER DANS LE TEMPS...

1914-1918
La Grande Guerre

1915
Génocide des Arméniens

Le Matin

LA PAIX EST CONCLUE

Le traité de Versailles a été signé hier 28 juin de 15 h. 9 à 15 h. 50

28 juin 1919
Traité de Versailles

1937
Début de la guerre en Asie

30 septembre 1938
Accords de Munich

Regardez le portfolio des repères du thème pour mieux les **retenir**.

liennathan.fr/9e23ti

1943
Publication du *Manifeste du peuple algérien* par Ferhat Abbas

28 août 1940
Brazzaville, capitale de la France libre

LES NOUVELLES DU MATIN
Directeur: JEAN MARIN
MARDI 8 MAI 1945
EN EUROPE, DEPUIS CETTE NUIT A 23 h. 1 m.
LA GUERRE EST FINIE
La capitulation sans conditions de l'A[illegible]agne

8 mai 1945
Fin de la Seconde Guerre mondiale en Europe ; massacres de Sétif et de Guelma

1939-1945
Seconde guerre mondiale ; génocide des Juifs et Tziganes

26 juin 1945
Charte de San Francisco (création de l'ONU)

6 et 9 août 1945
Bombardements atomiques sur Hiroshima et Nagasaki

COURS 1

LA PREMIÈRE GUERRE MONDIALE ET SES CONSÉQUENCES (1914-1918)

POUR MÉMORISER

Écouter votre cours plusieurs fois vous permettra de mieux le retenir.

L'audio du cours. liennathan.fr/5k2my1

REPÈRES

- **1914-1918** Grande Guerre
- **1915** Génocide des Arméniens
- **28 juin 1919** Traité de Versailles
- **1937** Début de la guerre en Asie
- **30 septembre 1938** Accords de Munich

VOCABULAIRE & NOTIONS

- **Guerre mondiale :** guerre qui s'étend à tous les continents.
- **Front :** zone de combat.
- **Empire colonial :** ensemble des colonies et des comptoirs que possède un pays outre-mer.
- **Guerre totale :** guerre qui mobilise tous les secteurs d'activités, toutes les ressources et toutes les populations d'un pays.
- **Propagande :** utilisation des outils de communication et d'information dans le but de convaincre une population ou de l'inciter à penser et à agir dans le sens voulu.
- **Génocide :** extermination planifiée, organisée et systématique d'une population civile en raison de son appartenance ethnique ou religieuse.
- **SDN :** Société des Nations, organisation internationale créée pour encourager le règlement pacifique des conflits.

De la guerre européenne à la guerre mondiale

Depuis la fin du XIXe siècle, les tensions entre les pays européens sont nombreuses. Ces pays établissent entre eux des alliances au cas où une guerre éclaterait.

Deux systèmes d'alliances s'opposent : la **Triple-Alliance** (Allemagne, Autriche-Hongrie, Italie) et la **Triple-Entente** (France, Russie, Royaume-Uni). Le 28 juin 1914, l'héritier de l'Empire austro-hongrois, François-Ferdinand, est assassiné à Sarajevo en Bosnie-Herzégovine. Par le jeu des alliances, la guerre éclate en Europe le **1er août 1914**.

La **guerre** devient vite **mondiale**. Les **fronts** se multiplient : le conflit, d'abord terrestre et européen, devient aussi maritime et touche plusieurs continents. Des pays non-européens entrent en guerre comme les États-Unis en 1917. Les **empires coloniaux** sont parfois le théâtre d'opérations militaires.

→ J'EXPÉRIMENTE 4 - P. 58

Une guerre totale qui provoque des millions de victimes

L'utilisation de toutes les ressources dont disposent les pays engagés et l'implication croissante des civils rend la **guerre totale**.

En effet, des millions d'hommes sont mobilisés, dont une bonne partie provient des empires coloniaux français et britannique. Toutes les ressources économiques des États sont également mises à contribution. Les populations civiles sont sollicitées par le biais d'une intense **propagande**. La technologie vient aussi appuyer l'effort de guerre : de nouvelles armes sont mises au point, tels les chars. L'aviation, balbutiante au début du conflit, devient une arme utilisée par tous les participants.

Pour la première fois lors d'un conflit, les populations civiles deviennent des cibles de guerre. En 1915, **l'Empire ottoman** procède à l'extermination des populations arméniennes présentes sur son territoire. Il s'agit du premier **génocide** du XXe siècle.

La Grande Guerre prend fin le **11 novembre 1918**. Le bilan est très lourd : 10 millions de soldats et 6 millions de civils sont morts, de nombreux pays européens sont ravagés et fortement endettés.

→ J'EXPÉRIMENTE 1 - P. 50

Une paix fragile

Les traités de paix signés à la fin du conflit bouleversent la carte de l'Europe. Ils provoquent aussi des ressentiments, comme le **traité de Versailles** (28 juin 1919). Une organisation chargée de préserver la paix est alors créée : la **SDN** (Société des Nations).

Les années 30 voient une montée des tensions. En **Allemagne**, le gouvernement totalitaire d'Hitler, arrivé au pouvoir en 1933, refuse de suivre les conditions du traité de Versailles. L'**Italie** fasciste de Mussolini attaque l'Éthiopie en 1935. L'**Espagne** plonge dans une guerre civile qui oppose fascistes et démocrates entre 1936 et 1939. En 1937, le **Japon** envahit la Chine.

Les **accords de Munich** (30 septembre 1938) ne réussissent pas à arrêter l'engrenage menant à une nouvelle guerre. Ils ne font que souligner la faiblesse des démocraties devant les exigences d'Hitler. Quand ce dernier envahit la Pologne en septembre 1939, la Seconde Guerre mondiale éclate.

→ J'EXPÉRIMENTE 2 ET 3 - P. 52 ET 54

DOC. 1
Woodrow Wilson, président des États-Unis

W. Wilson (1856-1924), président des États-Unis entre 1913 et 1921, fait entrer son pays dans la guerre en 1917 aux côtés des Alliés. Il participe à la Conférence de la paix à Paris où il propose la création de la SDN. Le prix Nobel de la paix lui est décerné en 1919.

DOC. 2
L'Europe après le traité de Versailles en 1923

I. Les États
- Les vainqueurs
- Les vaincus
- Les nouveaux États issus de traités
- URSS
- États neutres

II. Les modifications territoriales
- Limites des anciens empires
- Gains territoriaux
- *Istrie* Territoires gagnés par les vainqueurs
- Territoires perdus par l'Empire ottoman
- Guerre de contestation des traités
- Zones placées sous le contrôle de la SDN

Nathan 2013

DOC. 3
Une citation

« Politique intérieure, je fais la guerre. Politique extérieure, je fais toujours la guerre. Je fais toujours la guerre. »

Georges Clemenceau, 8 Mars 1918.

ON EN PARLE AUTREMENT...

UNE BD
Ethan YOUNG,
Nankin, la Cité en flammes,
éd. Urban China, 2016.

?

Lecture active du cours

1. Pour quelles raisons peut-on dire que la Grande Guerre est une guerre mondiale ?

....

....

2. Relevez quatre dates qui vous semblent décisives.

....

....

3. Citez l'exemple d'un conflit dans les années 30.

....

4. Mettez chacun de ces trois documents en relation avec l'un des paragraphes du cours.

DOC. 1 : ....

DOC. 2 : ....

DOC. 3 : ....

SYNTHÈSE

5. Construisez une phrase avec les trois idées principales du cours.

....

....

....

J'EXPÉRIMENTE

Écoutez le cours associé.
liennathan.fr/oc082h

1 La Grande Guerre : une guerre totale

La **Première Guerre mondiale** est une guerre longue et d'un genre nouveau. C'est la première fois qu'une si forte **mobilisation** dans tous les domaines a lieu.

➔ **Pourquoi peut-on dire que la Grande Guerre est une guerre totale ?**

DOC. 1

La mobilisation économique de la population en 1915

Prêtons au pays !

Contre l'envahisseur, la France entière se lève aujourd'hui. Riches et pauvres, humbles et puissants, tous vont s'empresser pour souscrire à l'Emprunt de la Victoire !

C'est à une véritable mobilisation financière que le pays procède. [...]

Nous devons faire voir combien est grande notre puissance financière, combien nous sommes riches, combien nous sommes forts !

Plus nous apporterons et plus sera courte la lutte. [...] Pères, époux, fils, tous ceux qui sont dans les tranchées ont les yeux tournés vers nous. [...]

Prêtons au pays tout ce que nous avons pour qu'il soit au plus tôt victorieux. Nous aurons aussi notre page dans son livre de gloire.

Article du journal *Le Progrès de l'Allier*, 27 novembre 1915.

DOC. 2

La participation des femmes à la Grande Guerre, affiche de propagande, 1917

Traduction : « Voulez-vous aider les femmes de France ? » / « Sauvez le blé »
« Elles luttent contre la faim et essaient de se nourrir non seulement elles-mêmes et leurs enfants mais aussi leurs maris et leurs fils qui combattent dans les tranchées. »

DOC. 3

Affiche en l'honneur des troupes coloniales françaises en 1917

DOC. 4

Massacre d'enfants lors du génocide des Arméniens en 1915

Entre 1915 et 1916, les Arméniens vivant dans l'Empire ottoman sont victimes d'un génocide. Ils sont massacrés ou emprisonnés dans des camps de concentration où ils vivent dans des conditions extrêmement difficiles. Entre 1,2 et 1,5 million d'Arméniens sont exterminés sur une communauté de 1,8 million.

Comprendre et analyser les documents

1. Quels sont les trois types de mobilisation présentés ici (DOCS 1, 2 et 3) ?

....

2. Qu'attend-on de la population civile pendant la Grande Guerre (DOCS 1 et 2) ?

....

3. D'après ces documents, quel est le rôle de la propagande (DOCS 2 et 3) ?

....

4. Montrez que les populations civiles sont les cibles des militaires (DOC. 4).

....

....

CAPACITÉ

Identifier une notion

5. Confrontez la définition de guerre totale aux documents étudiés et répondez à la problématique : pourquoi peut-on dire que la Grande Guerre est une guerre totale ?

....

....

....

....

....

Écoutez l'audio sur l'apport des troupes coloniales.
liennathan.fr/4pw10g

VOCABULAIRE & NOTIONS

- **Mobilisation :** fait d'appeler les hommes sous les drapeaux, par extension rassemblement des ressources au service d'une guerre.
- **Guerre totale :** guerre qui mobilise tous les secteurs d'activités, toutes les ressources et toutes les populations d'un pays.
- **Propagande :** utilisation des outils de communication et d'information dans le but de convaincre une population ou de l'inciter à penser et à agir dans le sens voulu.
- **Génocide :** extermination planifiée, organisée et systématique d'une population civile en raison de son appartenance ethnique ou religieuse.

J'EXPÉRIMENTE

Écoutez le cours associé.
liennathan.fr/f9j2t5

2 Une paix ratée

La Première Guerre mondiale devait être la « **Der des Ders** ». Mais les traités de paix signés au début des années 20 ne permettent pas d'installer une paix durable.
Dès les années 30, tensions et conflits se multiplient et débouchent sur la Seconde Guerre mondiale.

➔ Pourquoi parle-t-on d'une paix ratée ?

DOC. 1

Le traité de Versailles

Art. 231 - Les Gouvernements alliés et associés déclarent [..] que l'Allemagne et ses alliés sont responsables, pour les avoir causés, de toutes les pertes et de tous les dommages subis par les Gouvernements alliés et associés et leurs nationaux en conséquence de la guerre qui leur a été imposée par l'agression de l'Allemagne et de ses alliés.

Art. 80, 81, 87 - L'Allemagne reconnaît l'indépendance et les frontières de l'Autriche, de la Tchécoslovaquie et de la Pologne.

Art. 160 - L'armée allemande ne pourra dépasser 100 000 hommes.

D'après le traité de Versailles, 28 juin 1919.

DOC. 2

Une paix ratée ?

L'économiste anglais Keynes dénonce « l'aveugle passion anti-allemande » du Conseil des Quatre (France, Royaume-Uni, États-Unis, Italie) et le manque de vision économique du Traité de Versailles.

Le Traité ne contient aucune mesure en faveur du rétablissement économique de l'Europe [...]. Le Conseil des Quatre n'a prêté aucune attention à ces problèmes, si préoccupés qu'il était par d'autres - Clemenceau voulait anéantir l'existence économique de l'Allemagne. Il est extraordinaire que le problème économique fondamental que posait une Europe qui mourait de faim et se désagrégeait sous leurs yeux ne soit précisément la seule question à laquelle il ait été impossible d'intéresser les Quatre.

J.M. Keynes, *Les Conséquences économiques de la paix*, 1919.

DOC. 3

L'Allemagne responsable

« L'Allemagne paiera. » C'est la réponse de Clemenceau, chef du gouvernement français interpellé sur les difficultés de la reconstruction d'après-guerre.

« Et jusqu'au dernier penny ! » renchérit Lloyd George, le Premier ministre anglais, poussé par son opinion publique.

J. Guiffan et J. Ruhlmann, *Histoire de l'Europe au XXe siècle (1918 à 1945).*

DOC. 4

Les conquêtes d'Hitler avant le 1er septembre 1939

- Frontières de 1921
- Annexion de la Sarre par plébiscite (13 janvier 1935)
- Remilitarisation de la Rhénanie (7 mars 1936)
- Annexion de l'Autriche (15 mars 1938)
- Annexion des Sudètes (1er octobre 1938)
- Création du protectorat de Bohême-Moravie (15 mars 1939)
- Annexions hongroises (1938 et 1939)
- État slovaque (mars 1939)

Source : Mémorial de Caen

CAPACITÉ

▶ Confronter des points de vue sur le traité de Versailles

DOC. 5

Massacre de civils à Nankin lors de l'invasion japonaise de la Chine en 1937

REPÈRES

28 juin 1919 Traité de Versailles

1937 Début de la guerre en Asie

VOCABULAIRE & NOTIONS

- **« Der des Ders » :** nom populaire donnée à la Grande Guerre et faisant référence à la croyance qu'il s'agissait du dernier conflit de l'Histoire.
- **Diktat :** terme utilisé par les Allemands pour désigner l'imposition du traité de Versailles sans qu'ils aient pu donner leur avis.

?

Comprendre et analyser les documents

1. Pourquoi les Allemands considèrent-ils le traité de Versailles comme un **diktat** (DOCS 1, 2 et 3) ?

....
....
....
....

2. Peut-on dire que l'opinion des Alliés sur le traité de Versailles est unanime ? Justifiez votre réponse (DOCS 2 et 3).

....
....
....
....

3. Montrez que Hitler ne respecte pas le traité de Versailles (DOC. 4).

....
....
....
....

4. Montrez que l'Allemagne et le Japon mènent une politique agressive qui met en danger la paix dans les années 30 (DOCS 4 et 5).

....
....
....
....

CAPACITÉ

Confronter des points de vue

5. Complétez le tableau en indiquant les différents points de vue sur le traité de Versailles.

	Allemagne	France /Angleterre	J.M Keynes
Points de vue	....	....	....

J'EXPÉRIMENTE

Écoutez le cours associé.
liennathan.fr/a4ry38

3 Aristide Briand : l'apôtre de la paix

La Grande Guerre et son bilan catastrophique provoquent une prise de conscience collective. Elle oblige à repenser les relations internationales et conduit les États à privilégier le règlement pacifique des conflits. C'est dans ce contexte qu'il faut comprendre la création de la SDN (Société des Nations) et l'action d'Aristide Briand, un homme engagé en faveur de la paix.

➔ Quel est l'engagement d'Aristide Briand en faveur de la paix ?

DOC. 1

La Société des Nations (1920-1946),
L'espoir d'une paix universelle, *Le Miroir*, 16 mars 1919.

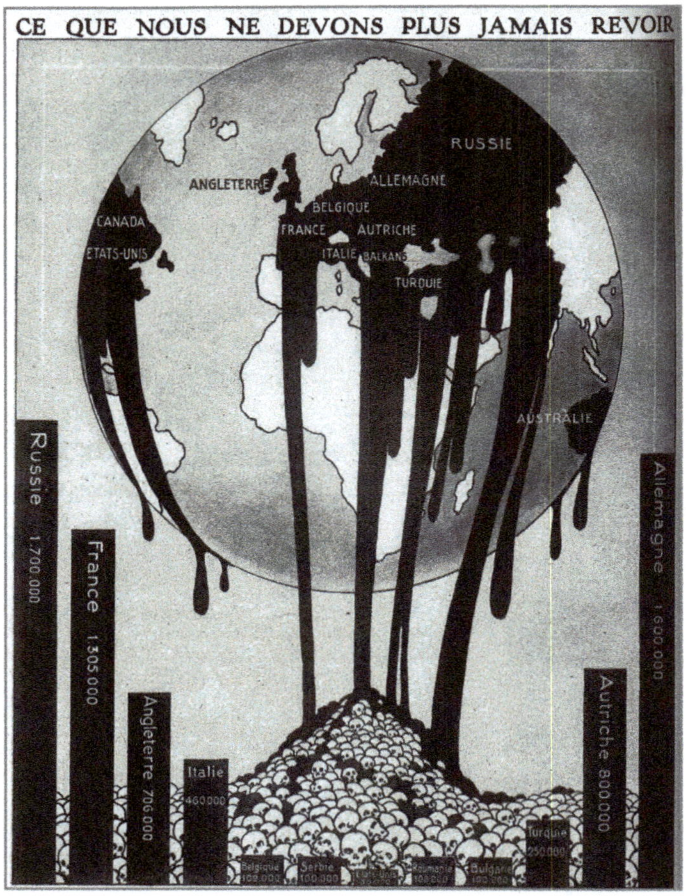

DOC. 2

Aristide Briand, un acteur de la paix

Aristide Briand (1862-1932) est ministre des Affaires étrangères de 1925 à 1932. Il est le porte-parole de la SDN et de la paix.

En 1925, Aristide Briand encourage la signature des accords de Locarno dans le cadre de la SDN. Ces accords garantissent les frontières entre la France, l'Allemagne et la Belgique. Ils permettent aussi à l'Allemagne de participer à la SDN. Ils sont le symbole de la recherche de la paix par des accords entre pays, idée que défendait de nombreux hommes politiques européens.

DOC. 3

Discours d'Aristide Briand à la SDN, 10 septembre 1926

« N'est-ce pas un spectacle émouvant, particulièrement édifiant et réconfortant, que quelques années à peine après la plus effroyable guerre qui ait jamais bouleversé le monde, alors que les champs de bataille sont encore humides de sang, les peuples, les mêmes peuples qui se sont heurtés si rudement se rencontrent dans cette assemblée pacifique et s'affirment mutuellement leur volonté commune de collaborer à l'œuvre de la paix universelle ? [...] Messieurs, la paix, pour l'Allemagne et pour la France, cela veut dire : c'est fini de la série des rencontres douloureuses et sanglantes [...]. Comme les individus, qui s'en vont régler leurs difficultés devant le magistrat, nous aussi nous réglerons les nôtres par des procédures pacifiques. Arrière les fusils, les mitrailleuses, les canons ! Place à la conciliation, à l'arbitrage, à la paix ! »

CAPACITÉ

▸ **Raconter l'engagement d'un acteur défenseur de la paix**

DOC. 4

Le pacte Briand-Kellogg, 1928

Le Petit Journal illustré, 9 septembre 1928.

DOC. 5

Hitler menace la paix à partir de 1933

Comprendre et analyser les documents

1. Quelle est l'organisation créée après la Première Guerre mondiale ? Rappelez son but (DOC. 1).

....

....

2. Que souhaite rendre impossible Aristide Briand (DOCS 2, 3 et 4) ?

....

....

....

3. Quelle est la position d'Aristide Briand en faveur de l'Allemagne (DOCS 2 et 3) ?

....

....

....

4. Qu'est-ce qui fragilise le projet de paix d'Aristide Briand (DOC. 5) ?

....

....

....

CAPACITÉ

Raconter l'engagement d'un acteur défenseur de la paix

5. De quelles manières Aristide Briand s'engage-t-il pour le maintien de la paix dans l'entre-deux-guerres ?

@ Cherchez sur Internet quelle grande récompense a reçu Aristide Briand en 1926. Pour mieux connaître ce personnage, écoutez l'émission *Au cœur de l'Histoire* « Aristide Briand, l'apôtre de la paix ».

....

....

....

....

....

....

....

....

Écoutez l'audio sur Aristide Briand, l'apôtre de la paix.
liennathan.fr/wn35j3

COURS 2

LA SECONDE GUERRE MONDIALE (1939-1945)

POUR MÉMORISER

Écouter votre cours plusieurs fois vous permettra de mieux le retenir.

L'audio du cours.
liennathan.fr/af61b7

REPÈRES

- **1939-1945** Seconde Guerre mondiale Génocide des Juifs et des Tziganes
- **8 mai 1945** Fin de la Seconde Guerre mondiale en Europe
- **26 juin 1945** Charte des Nations unies de San Francisco
- **6 et 9 août 1945** Bombardements atomiques sur Hiroshima et Nagasaki

VOCABULAIRE & NOTIONS

- **Guerre totale :** guerre qui mobilise tous les secteurs d'activités, toutes les ressources et toutes les populations d'un pays.

Propagande : utilisation des outils de communication et d'information dans le but de convaincre une population ou de l'inciter à penser et à agir dans le sens voulu.

Génocide : extermination planifiée, organisée et systématique d'une population civile en raison de son appartenance ethnique ou religieuse.

Tziganes : populations nomades, originaires d'Europe de l'Est, considérées comme races inférieures par les nazis.

***Einsatzgruppen* :** groupes d'intervention spéciaux qui suivent l'armée allemande et qui tuent de façon systématique, en général par fusillade, les populations juives d'URSS à partir de 1941.

ONU : Organisation des Nations unies mise en place en 1945 afin de préserver la paix et les droits humains et de favoriser le développement dans le monde.

Anticolonialisme : mouvement né à la fin du XIXe siècle qui refuse le système colonial et prône l'indépendance.

Une guerre mondiale et totale

Le conflit débute en Europe le **1er septembre 1939**. Dès le départ, il s'agit d'un affrontement aux dimensions planétaires qui oppose à nouveau deux camps : les puissances de l'**Axe** (Allemagne, Italie, Japon) et les **Alliés** (Royaume-Uni, URSS, États-Unis).

C'est une **guerre totale**. Toutes les ressources humaines, économiques et morales sont mobilisées pour vaincre. L'enjeu idéologique est au cœur de cette guerre. D'une part les dictatures se battent pour dominer le monde et d'autre part, les démocraties luttent pour sauvegarder les libertés et les droits humains. Cela explique l'usage intense de la **propagande** par les deux camps pour détruire l'image des ennemis.

→ J'EXPÉRIMENTE 4 - P. 58

Une guerre d'anéantissement et d'extermination

Chaque camp cherche à anéantir totalement l'autre. Les batailles sont d'une extrême violence comme à **Stalingrad** en 1942-1943. Les **populations civiles** sont les principales victimes des persécutions, répressions et déportations multiples. Deux bombardements atomiques frappent les villes japonaises de **Hiroshima** et de **Nagasaki** les **6 et 9 août 1945**. Elles causent au moins 200 000 morts immédiats.

Une forme particulière d'**anéantissement** est utilisée : le **génocide** de certaines populations considérées par les nazis comme des races inférieures. L'extermination des Juifs et des **Tziganes** est organisée dans le cadre de l'idéologie raciste et antisémite mise en place depuis l'arrivée d'Hitler au pouvoir en Allemagne (1933). Utilisant plusieurs méthodes (ghettos, ***Einsatzgruppen***, camps de concentration, chambres à gaz des camps d'extermination) et aidés par des gouvernements européens complices, les nazis déportent, puis exterminent 5 à 6 millions de Juifs et près de 500 000 Tziganes.

→ J'EXPÉRIMENTE 5 - P. 60

Un bilan catastrophique, mais l'espoir d'un monde meilleur

L'armistice est signé le **8 mai 1945** en Europe et le 2 septembre en Asie. Le bilan humain du conflit est effrayant : 60 millions de personnes y ont trouvé la mort. Le monde en sort profondément traumatisé et bouleversé.

Les États-Unis et l'URSS voient leur puissance renforcée tandis que l'Europe est largement détruite. La barbarie, qui s'y est déchaînée, favorise la remise en cause de sa domination sur les colonies. L'**anticolonialisme** prend alors son essor, soutenu par les États-Unis et l'URSS, et trouve tribune à l'**ONU**. Cette organisation internationale est créée par la **Charte de San Francisco** le **26 juin 1945** et regroupe 50 pays. C'est une nouvelle tentative pour garantir la sécurité collective et la paix par la coopération entre les nations. Elle témoigne aussi de la volonté de protéger les droits humains fondamentaux à l'échelle planétaire.

Écoutez l'audio sur l'ONU.
liennathan.fr/15zl5d

DOC. 1
Winston Churchill, Premier ministre du Royaume-Uni

W.Churchill (1874-1965) est Premier ministre pendant la Seconde Guerre mondiale. Après la défaite française en juin 1940, il décide de poursuivre la lutte. Le Royaume-Uni est alors seul face à l'Axe jusqu'en 1941, date à laquelle l'URSS et les États-Unis le rejoignent. Par son action et ses discours, Churchill incarne la résistance des démocraties pendant la guerre.

DOC. 2
Le génocide des Juifs et des Tziganes en Europe

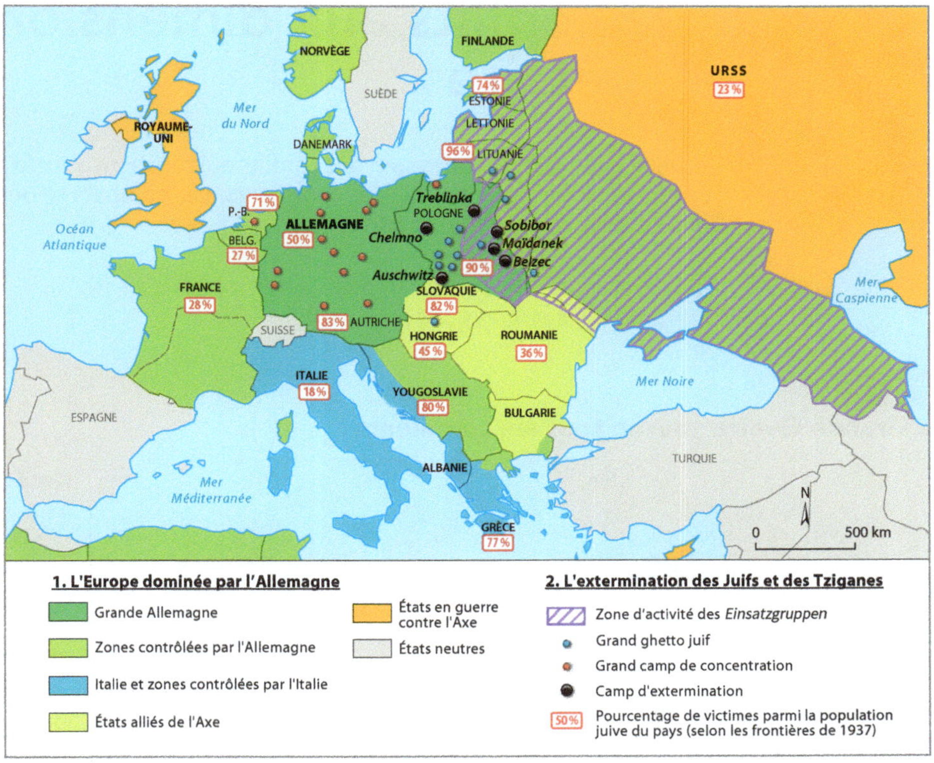

DOC. 3
Une citation

« La paix mondiale ne peut être le travail d'un seul homme, d'un seul parti, ou d'une seule nation. Cette paix doit reposer sur la volonté commune du monde entier. »

Eleanor Roosevelt

ON EN PARLE AUTREMENT...

UN DOCUMENTAIRE
Idit Bloch, Juliette Jourdan, *Mémoires tsiganes. L'Autre Génocide*, Kuiv Productions/ Image Magnétique Production, 2011.

?

Lecture active du cours

1 Pourquoi peut-on dire que la Seconde Guerre mondiale est une guerre idéologique ?

....

2 Relevez deux exemples illustrant la volonté d'anéantissement et d'extermination mise en œuvre durant ce conflit.

....

....

3 Quels changements dans le monde voit-on apparaître en 1945 ?

....

....

4 Mettez chacun de ces trois documents en relation avec l'un des paragraphes du cours.

DOC. 1 : ....

DOC. 2 : ....

DOC. 3 : ....

SYNTHÈSE

5 Construisez une phrase avec les trois idées principales du cours.

....

....

....

J'EXPÉRIMENTE

Écoutez le cours associé.
liennathan.fr/pw95u1

4 Des conflits aux dimensions planétaires

Les deux guerres mondiales sont des conflits qui touchent pour la première fois et avec une telle intensité tous les continents. Les combats se déroulent aussi bien sur terre que sur mer et dans les airs.

➔ **Pourquoi peut-on dire que ces conflits ont une dimension planétaire ?**

DOC. 1

La Grande Guerre touche tous les continents

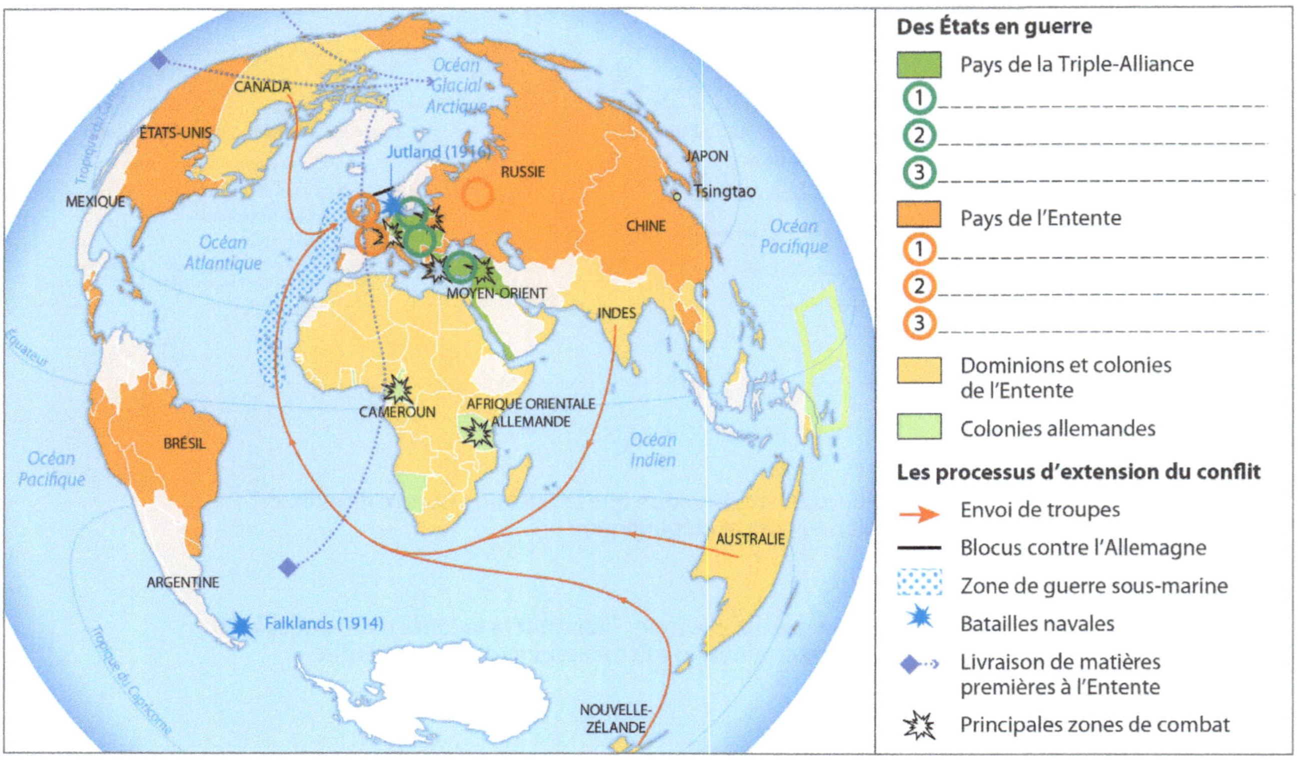

DOC. 2

Soldats de l'ANZAC combattant en Turquie en 1915

L'ANZAC est un corps d'armée australien et néo-zélandais. Membres de l'Empire britannique, l'Australie et la Nouvelle-Zélande combattent donc aux côtés du Royaume-Uni, pendant la Première Guerre mondiale.

CAPACITÉ

▶ Compléter et mettre en relation deux cartes présentant la dimension mondiale des deux guerres

DOC. 3

La Seconde Guerre mondiale : un conflit planétaire

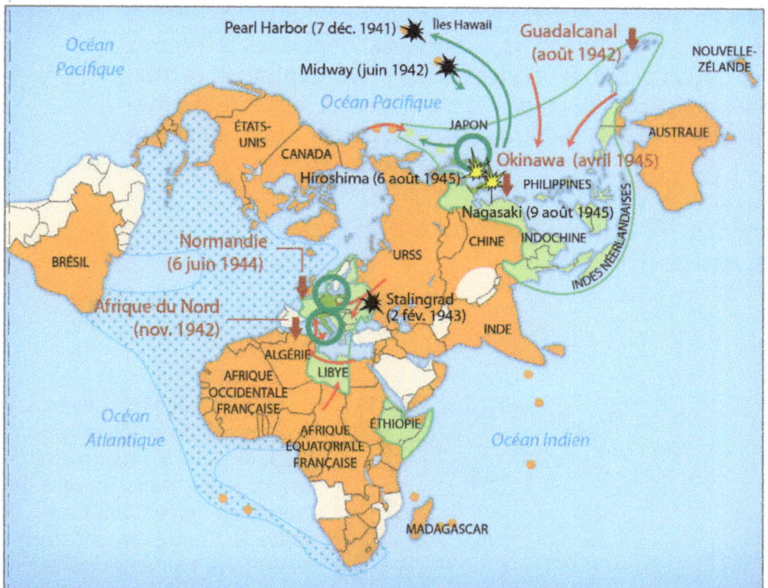

Les forces en présence

- L'Axe
- ① ______________________
- ② ______________________
- ③ ______________________
- Les conquêtes de l'Axe en 1942
- Les Alliés

Les combats

- Attaques japonaises
- Attaques alliées
- Principaux débarquements alliés
- Principales batailles
- Zone de guerre sous-marine
- Bombe atomique américaine : ______________________
- États neutres

DOC. 4

Défilé de soldats du 22e bataillon nord-africain sur les Champs-Élysées après la victoire

Ce bataillon est formé en 1941 et intégré aux forces de la France libre. Il est composé majoritairement de soldats maghrébins.

?

CAPACITÉ

Compléter des cartes

1. Numérotez sur la carte (DOC. 1) les pays de la Triple-Entente et de la Triple-Alliance. Nommez-les dans la légende.

2. Tracez sur la carte (DOC. 1) l'envoi des troupes africaines vers la France.

3. Pourquoi la photographie illustre-t-elle parfaitement la dimension mondiale de la Grande Guerre (DOC. 2) ?

....

....

4. Numérotez sur la carte (DOC. 3) les trois pays de l'Axe. Nommez-les dans la légende.

5. Dans la légende de la carte (DOC. 3), datez les deux bombardements atomiques.

6. Montrez que les troupes coloniales jouent un rôle important dans les deux conflits (DOCS 2 et 4).

....

....

....

CAPACITÉ

Mettre en relation deux cartes

7. Un nouveau front est ouvert pendant la Seconde Guerre mondiale : où ?

....

....

J'EXPÉRIMENTE

Écoutez le cours associé.
liennathan.fr/9zpb29

5

La déportation des Juifs depuis la France

Pour mettre en œuvre la **Solution finale**, l'Allemagne nazie organise, depuis les territoires européens, conquis ou alliés, la déportation des Juifs vers les camps de concentration et d'extermination. La France de Vichy collabore avec l'Allemagne et participe à la **Shoah**. Soixante-dix-huit convois quittent le pays entre 1942 et 1944. 76 000 Juifs sont déportés, 2 500 seulement reviennent.

➜ **Comment la France participe-t-elle à la déportation des Juifs vers le système concentrationnaire nazi ?**

DOC. 1

Le Mémorial de la Shoah à Paris

Le Mémorial de la Shoah est un **lieu de mémoire** du génocide des Juifs. Situé à Paris, il possède une antenne dans la ville de Drancy en Seine-Saint-Denis. Il abrite le Centre de documentation juive contemporaine, un des fonds d'archives les plus importants d'Europe. Son site Internet permet d'avoir accès en ligne à des milliers de documents mais aussi à des dossiers thématiques sur les génocides du XXe siècle.

DOC. 2

Un lieu de mémoire mondial : Yad Vashem à Jérusalem

Yad Vashem est un autre **lieu de mémoire** de la Shoah. Situé à Jérusalem, il est le centre mondial de documentation, de recherche, d'éducation et de commémoration de la Shoah. Son site Internet (www.yadvashem.org) permet d'avoir accès en ligne à des milliers de documents d'archives et à une gigantesque base de données permettant aux familles de retracer l'histoire de la déportation des victimes.

VOCABULAIRE & NOTIONS

- **Solution finale :** nom donné par les nazis à l'extermination des Juifs et des Tziganes à partir de 1942.
- **Shoah :** nom donné au génocide des Juifs pendant la Seconde Guerre mondiale. Shoah signifie « catastrophe » en hébreu.
- **Camp d'internement :** camp qui servait à emprisonner les différents groupes considérés comme des ennemis pendant la Seconde Guerre mondiale. Les « internés » pouvaient ensuite être déportés vers différents camps nazis.

CAPACITÉ

▸ Rechercher des informations sur les processus de déportation pendant la Seconde Guerre mondiale

?

CAPACITÉ

Rechercher des informations sur les processus de déportation pendant la Seconde Guerre mondiale

1 Situez la déportation des Juifs depuis la France dans un contexte historique et géographique.

a. Accédez à la frise chronologique de la Shoah sur le site du **Mémorial de la Shoah**. Dans la barre de recherche, tapez « dates clés Shoah ».

b. Comment la France a-t-elle participé à la Shoah ? Faites correspondre les événements aux dates suivantes pour mieux comprendre.

Consultez le site de la Shoah.
liennathan.fr/l82mr1

22 juin 1940 : ....

10 juillet 1940 : ....

27 septembre 1940 : ....

03 octobre 1940 : ....

04 octobre 1940 : ....

24 octobre 1940 : ....

14 mai 1941 : ....

20 août 1941 : ....

27 mars 1942 : ....

16 juillet 1942 : ....

06 avril 1944 : ....

17 août 1944 : ....

c. Dans l'onglet « Pédagogie et formation », cliquez sur la rubrique « Outils pour enseigner », puis sur « Cartes téléchargeables » et enfin sur « Les camps d'internement en France ». Parmi les cinq **camps d'internement** citez ceux dans lesquels ont été majoritairement déportés les Juifs ? Citez ceux qui se trouvent en zone occupée et ceux en zone libre : Beaune-la-Rolande, Drancy, Gurs, Les Milles, Pithiviers.

Zone occupée : ....

Zone libre : ....

Quel camp est le plus proche de votre région ? ....

2 Utilisez la base de données de Yad Vashem pour trouver des renseignements.

a. Sur le site **Yad Vashem**, visitez l'exposition virtuelle « De l'espoir au désespoir – L'histoire de la famille Horonczyk ».

b. Réalisez les fiches d'identité de Shimon, Esther, Josef et Symcha-Binem Horonczyk. Vous indiquerez le nom, le lieu de naissance, le lieu de vie, la date d'arrestation, le camp d'internement, le numéro du convoi de déportation, le lieu de mort.

c. Cherchez des informations sur les convois n°5 et 53 (lieux de départ et d'arrivée, dates de départ et d'arrivée, nombre de déportés, nationalité majoritaire, mode de transport). Visionnez le témoignage.

Consultez le site de Yad Vashem.
liennathan.fr/0tck48

3 Racontez l'histoire de la déportation de la famille Horonczyk depuis la France. Vous écrirez un texte ou réaliserez un diaporama illustré.

Votre texte devra contenir les informations suivantes :

- l'origine géographique de la famille ;
- les raisons de son installation en France ;
- le destin de la famille pendant la Seconde Guerre mondiale ;
- les raisons pour lesquelles Chaja et Leah ont survécu à l'extermination ;
- le rôle des époux Gibaud et Sarro dans l'histoire de la famille.

COURS 3

LA FRANCE DANS LA SECONDE GUERRE MONDIALE

POUR MÉMORISER

Écouter votre cours plusieurs fois vous permettra de mieux le retenir.

L'audio du cours.
liennathan.fr/7eg0v6

La France de Vichy

Dépassée tactiquement, la France perd rapidement la guerre contre l'Allemagne nazie au cours du printemps 1940. Face à la défaite, le nouveau chef du gouvernement, le **maréchal Pétain**, décide de signer l'armistice avec les vainqueurs. Pétain est un ancien héros de la Grande Guerre, et une grande partie des Français lui font confiance. Renonçant aux valeurs de la République, il met en place une dictature, dont la capitale se trouve à Vichy, car une partie du territoire est occupée militairement par l'Allemagne. Surtout, il accepte d'engager le pays dans la voie de la **collaboration** avec les autorités nazies. L'une des manifestations les plus dramatiques de cette politique est la participation active de son gouvernement dans la **déportation des Juifs**. Cette politique est soutenue par une partie des Français qu'on appelle « **collaborateurs** ».

→ J'EXPÉRIMENTE 6 - P. 64

La France de la Résistance

Toute la population n'est pas d'accord avec la politique menée par le **régime de Vichy**. Si la majorité des Français est **attentiste**, certains décident de mener des actions de résistance contre l'occupant. Les hommes et les femmes résistants risquent leur vie en luttant contre les Nazis, et un grand nombre d'entre eux meurent sous la torture. Par des attentats, des sabotages, l'impression et la distribution de tracts et de journaux clandestins, ou l'aide aux persécutés, la Résistance prépare la libération du pays.

→ J'EXPÉRIMENTE 6 - P. 64

La France libre

Au moment de la signature de l'**armistice**, certains Français décident de poursuivre le combat depuis l'extérieur. C'est notamment le cas du **général de Gaulle** qui, depuis Londres, lance un appel à continuer la guerre et fédère autour de sa personne la résistance extérieure.

Les **colonies françaises** d'Afrique jouent un grand rôle et sont le point d'appui à partir duquel la **France libre** exerce son action de résistance. Dès 1940, **Brazzaville** en est la capitale. C'est également dans les colonies africaines qu'est créée l'Armée française de la Libération qui participe à la libération de la France aux côtés des forces alliées en 1944. Parallèlement, le sentiment **anticolonialiste** se développe.

→ J'EXPÉRIMENTE 7 - P. 66

REPÈRES

- **28 août 1940** Brazzaville, capitale de la France libre
- **1943** Publication du *Manifeste du peuple algérien*
- **8 mai 1945** Massacres de Sétif et Guelma

VOCABULAIRE & NOTIONS

- **Collaboration :** politique menée par le gouvernement de Vichy et certains Français pour coopérer avec l'Allemagne nazie.
- **Collaborateurs :** partisans de la collaboration, également appelés « collabos » pendant la guerre.
- **Résistance :** mouvement qui refuse la défaite et la collaboration en luttant par tous les moyens contre le gouvernement de Vichy et l'occupant nazi.
- **Régime de Vichy :** régime politique dictatorial dirigé par le maréchal Pétain depuis Vichy à partir de 10 juillet 1940.
- **Attentisme :** pendant l'Occupation, attitude consistant à ne pas prendre position et à mener une vie normale, malgré les privations, en attendant que la situation politique se précise.
- **France libre :** nom donné d'abord au mouvement de résistance extérieure. Cette résistance s'effectue depuis l'Empire colonial et est dirigée par le général de Gaulle. Aux yeux des Alliés, désigne aussi le gouvernement légitime de la France, dont la capitale est Brazzaville.
- **Anticolonialisme :** mouvement né à la fin du XIXe siècle qui refuse le système colonial et prône l'indépendance.

DOC. 1

Le maréchal Pétain, chef de l'État français

Philippe Pétain (1856-1951), chef militaire pendant la Grande Guerre, ministre pendant les années 30, prend la tête du gouvernement en juin 1940 et signe l'armistice avec l'Allemagne. Il profite de la défaite de la France en juin 1940 pour instaurer une dictature.

DOC. 2

La France et son empire après l'armistice de 1940

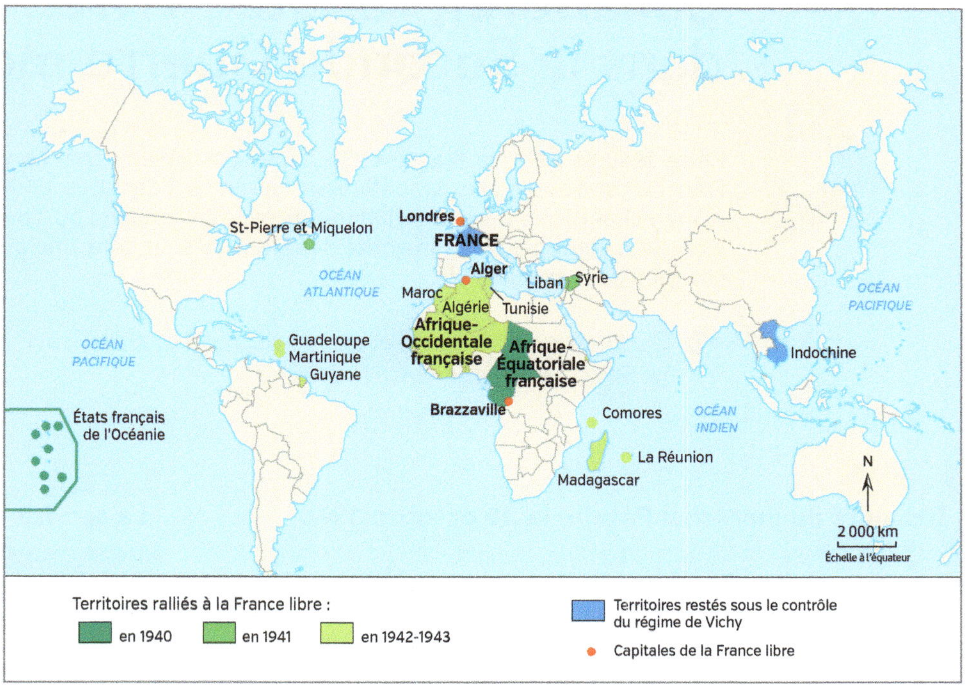

DOC. 3

Une citation

« La défaite est-elle définitive ? Non croyez-moi, moi qui vous parle en connaissance de cause et vous dis que rien n'est perdu pour la France. [...] Quoi qu'il arrive, la flamme de la résistance française ne doit pas s'éteindre et ne s'éteindra pas. »

Charles de Gaulle, discours radiodiffusé par la BBC de Londres, 18 juin 1940.

ON EN PARLE AUTREMENT...

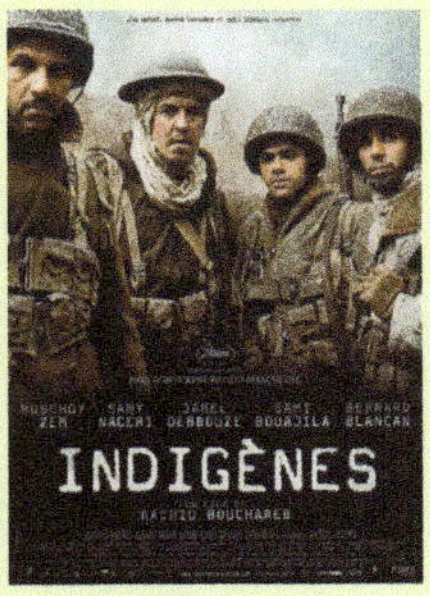

UN FILM
Rachid Bouchared,
Indigènes,
Tessalit Productions, 2006.

Lecture active du cours

1. **Pourquoi peut-on dire que de Gaulle et Pétain ont une attitude totalement opposée ?**

....

....

....

2. **Donnez un exemple qui montre que les colonies françaises jouent un grand rôle pendant le conflit.**

....

....

3. **Mettez chacun de ces trois documents en relation avec l'un des paragraphes du cours.**

DOC. 1 : ....

DOC. 2 : ....

DOC. 3 : ....

SYNTHÈSE

4. **Construisez une phrase avec les trois idées principales du cours.**

....

....

....

....

....

J'EXPÉRIMENTE

Écoutez le cours associé.
liennathan.fr/d9p20m

6

Collaborer, résister, vivre : les Français dans la Seconde Guerre mondiale

Entre 1940 et 1944, la France est occupée par l'Allemagne. La vie quotidienne des Français est très difficile. Ils sont aussi confrontés à des choix politiques : faut-il suivre le maréchal Pétain dans la collaboration avec l'Allemagne ou s'opposer au régime de Vichy et à l'occupant ? La majorité des Français sont dans une position d'**attente** en essayant de mener leur vie.

➔ **Quelles sont les différentes attitudes des Français pendant la Seconde Guerre mondiale ?**

DOC. 1

Discours du maréchal Pétain, le 30 octobre 1940

Le 24 octobre, le maréchal Pétain rencontre Hitler à Montoire. Le 30 octobre, le chef du régime de Vichy fait une allocution radiodiffusée pour expliquer aux Français la décision qu'il a prise.

« Français,

[...] C'est librement que je me suis rendu à l'invitation du Führer. Je n'ai subi de sa part, aucun diktat, aucune pression. Une collaboration a été envisagée entre nos deux pays. J'en ai accepté le principe. Les modalités en seront discutées ultérieurement. [...]

C'est dans l'honneur et pour maintenir l'unité française – une unité de dix siècles – dans le cadre d'une activité constructive du nouvel ordre européen que j'entre, aujourd'hui, dans la voie de la collaboration. [...]

Cette politique est la mienne. Les ministres ne sont responsables que devant moi. C'est moi seul que l'Histoire jugera.

Je vous ai tenu jusqu'ici le langage d'un père. Je vous tiens aujourd'hui le langage du chef.

Suivez-moi. Gardez confiance en la France éternelle. »

DOC. 2

Le service du travail obligatoire (STO)

Instauré en 1943 par le gouvernement de Vichy, le STO oblige les Français à partir travailler en Allemagne.

DOC. 3

Ticket de rationnement sous l'Occupation en 1943

VOCABULAIRE & NOTIONS

• **CNR :** Conseil national de la Résistance. Organisme fondé en 1943 à la demande du général de Gaulle pour coordonner les différents groupes de la Résistance en France.

Attentisme : pendant l'Occupation, attitude consistant à ne pas prendre position et à mener une vie normale, malgré les privations, en attendant que la situation politique se précise.

CAPACITÉ

▶ Situer un acteur dans un contexte pour préciser son rôle

DOC. 4

Scène de la vie quotidienne pendant l'Occupation en 1943

File d'attente devant le cinéma Olympia à Paris pour le film *Le Comte de Monte-Cristo* de Robert Vernay.

DOC. 5

Monument en l'honneur de Jean Moulin dans les Yvelines

?

Comprendre et analyser les documents

1 Comment le gouvernement de Vichy met-il en place une politique de collaboration avec l'Allemagne (DOCS 1 et 2) ?

....

....

....

2 Quel aspect de la collaboration est illustré par le document 2 ?

....

3 Que permet de comprendre ce document sur les conditions de vie des Français pendant l'Occupation (DOC. 3) ?

....

....

4 Pourquoi peut-on dire que cette photo illustre l'attentisme de la population française (DOC. 4) ?

....

....

5 D'après vous, pourquoi a-t-on érigé ce monument en l'honneur de Jean Moulin (DOC. 5) ?

....

....

....

CAPACITÉ

Situer un acteur dans un contexte pour préciser son rôle

6 Regardez l'interview de Lucie Aubrac pour répondre aux questions suivantes.

Regardez l'interview.
liennathan.fr/1r8j4g

a. Présentez Lucie Aubrac.

....

b. Citez une des raisons qui la font entrer en résistance.

....

....

c. Montrez que le régime de Vichy renie les valeurs de la République.

....

....

....

d. Qu'apprend-on sur les débuts de la Résistance ?

....

....

e. Quelles sont les différentes actions résistantes évoquées dans ce document ?

....

....

J'EXPÉRIMENTE

Écoutez le cours associé.
liennathan.fr/i80rs1

7 La Seconde Guerre mondiale dans les colonies françaises d'Afrique

Pendant la Seconde Guerre mondiale, les colonies françaises d'Afrique sont des territoires extrêmement importants. D'abord parce qu'elles sont le point d'appui de la France libre, mais aussi parce que le conflit y renforce l'**anticolonialisme**.

➔ **Quel est l'impact de la Seconde Guerre mondiale sur les colonies françaises d'Afrique ?**

DOC. 1

L'empire colonial africain, point d'appui de la France libre

Le général de Gaulle passe en revue les troupes de la France libre dans la capitale de la France libre, Brazzaville (Congo actuel), en avril 1941.

DOC. 2

Le Manifeste du peuple algérien : une condamnation de la colonisation

1 - Condamnation et abolition de la colonisation c'est-à-dire, de l'annexion et de l'exploitation d'un peuple par un autre peuple. Cette colonisation n'est qu'une forme collective de l'esclavage individuel de l'Antiquité et du servage du Moyen Âge. Elle est, en outre, une des causes principales des rivalités et des conflagrations entre les grandes puissances.

2 - L'application pour tous les pays, petits et grands, du droit des peuples à disposer d'eux-mêmes.

Ferhat Abbas, *Manifeste du peuple algérien*, le 10 février 1943 (extraits).

VOCABULAIRE & NOTIONS

- **Nationalisme :** dans ce contexte, le désir de devenir une nation et un État indépendants.
- **Anticolonialisme :** mouvement né à la fin du XIXe siècle qui refuse le système colonial et prône l'indépendance.

CAPACITÉ

▶ Questionner des documents pour conduire une analyse historique

DOC. 3

De Gaulle évoque l'avenir des colonies après la guerre

La conférence de Brazzaville est organisée pendant la Seconde Guerre mondiale afin de déterminer l'avenir des colonies françaises. Charles de Gaulle y prononce un célèbre discours.

Nous croyons, en particulier, qu'au point de vue du développement des ressources et des grandes communications, le continent africain doit constituer dans une large mesure, un tout. Mais, en Afrique française, comme dans tous les autres territoires où des hommes vivent sous notre drapeau, il n'y aurait aucun progrès qui soit un progrès, si les hommes, sur leur terre natale, n'en profitaient pas moralement et matériellement, s'ils ne pouvaient s'élever peu à peu jusqu'au niveau où ils seront capables de participer chez eux à la gestion de leurs propres affaires. C'est le devoir de la France de faire en sorte qu'il en soit ainsi.

Charles de Gaulle, *Discours de Brazzaville*, le 30 janvier 1944.

DOC. 4

Les massacres de Sétif et de Guelma, 8 mai 1945

Le **8 mai 1945**, au moment des célébrations de la victoire des Alliés, des manifestations **nationalistes** et anticolonialistes ont lieu en Algérie. Les représailles exercées par les autorités françaises font des milliers de victimes.

?

CAPACITÉ

Questionner des documents pour conduire une analyse historique

1. Quelle est l'importance de Brazzaville pour la France pendant la Seconde Guerre mondiale (DOCS 1 et 3) ?

....

....

2. Que semble promettre de Gaulle aux colonies françaises (DOC.3) ?

....

....

3. Montrez que l'anticolonialisme se développe pendant la guerre (DOCS 2 et 4).

....

....

4. Expliquez dans un court texte l'impact de la Seconde Guerre mondiale sur les colonies françaises d'Afrique.
Appuyez-vous sur les informations tirées des documents et de vos réponses aux questions.

....

....

....

....

....

PROJET

Les Français et étrangers en résistance : un combat pour la liberté

➔ **Pourquoi peut-on dire que l'engagement dans la Résistance est un combat pour la liberté ?**

DOC. 1

Affiche créée par les autorités allemandes et placardée dans les grandes villes françaises en 1944

Écoutez l'audio sur l'affiche rouge.
liennathan.fr/hc53e4

DOC. 2

Affiche réalisée par Knopf et diffusée par les services de propagande de la France libre en 1943.

PROJET

- Organisez une exposition de photographies consacrées à la Résistance. Vous vous appuierez sur les musées, les mémoriaux, les monuments, les plaques de rue ou les plaques commémoratives de votre région.

HISTO-ART

L'art et la guerre

➔ Comment les arts peuvent-il rendre compte de la violence de la guerre ?

Otto Dix, *Les Joueurs de skat*, 1920. Neue Nationalgalerie, Berlin.

Écoutez l'audio sur *Les Joueurs de Skat*.
liennathan.fr/z3c49e

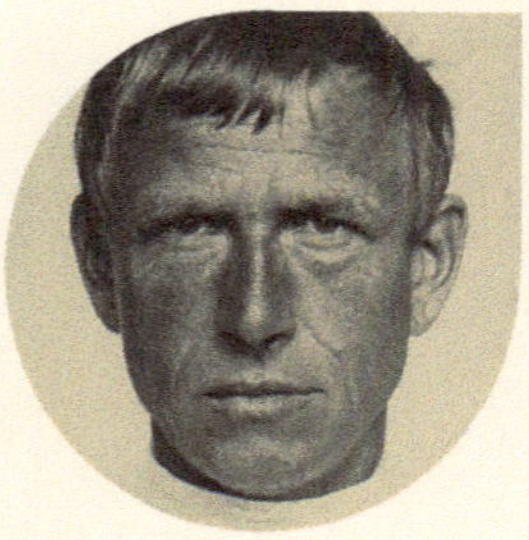

Otto Dix (1891-1969)
Peintre allemand. Son expérience de soldat pendant la Grande Guerre a profondément influencé son expression artistique. Beaucoup de ses œuvres montrent l'expérience traumatisante de la guerre et cherchent à provoquer une réaction émotionnelle forte chez le spectateur. Cela le rattache au courant de l'**expressionnisme**.

CONTEXTE

→ Cette œuvre est peinte au sortir de la guerre en 1920. Le traité de Versailles a rendu l'Allemagne responsable de la guerre et le pessimisme règne dans la société allemande. Le retour de la paix ne signifie pas forcément le retour à une vie normale pour de très nombreux soldats. Les traumatismes provoqués par la guerre sont nombreux, en particulier les traumatismes physiques et psychologiques des **gueules cassées**.

CAPACITÉ

▶ Questionner une œuvre d'art pour construire une analyse historique

Analyser l'œuvre d'art

ÉTAPE 1 PRÉSENTER L'ŒUVRE D'ART

1 Quels sont la nature et le titre de cette œuvre ?

....

....

2 Quel est son lieu de conservation ?

....

3 Quel est le nom de l'artiste ?

....

4 Dans quel contexte particulier cette œuvre a-t-elle été réalisée ?

....

....

ÉTAPE 2 OBSERVER ET DÉCRIRE

5 Que font les hommes représentés dans cette scène ?

....

....

6 Qui sont-ils ? Aidez-vous des éléments représentés pour répondre.

....

....

7 Comment sont-ils représentés par Otto Dix ?

....

....

ÉTAPE 3 INTERPRÉTER

8 Quel message le peintre veut-il transmettre à celui qui regarde son tableau ?

....

....

....

ÉTAPE 4 RENDRE COMPTE À L'ORAL

9 Grâce au travail effectué dans les étapes 1 à 3 et à la capsule audio, préparez un audio-guide de présentation de cette œuvre d'art qui permettrait à un visiteur du musée de la comprendre.

Enregistrez-vous sur votre téléphone portable et envoyez votre travail à votre professeur.

VOCABULAIRE & NOTIONS

- **Skat :** jeu de cartes populaire en Allemagne.
- **Expressionnisme :** courant artistique qui cherche à exprimer des émotions fortes pour les faire ressentir au spectateur.
- **Gueules cassées :** soldats gravement blessés notamment au visage pendant la Première Guerre mondiale.

JE RETIENS AUTREMENT

les idées importantes du Thème 2

Une **carte mentale** permet d'organiser sa pensée et ses connaissances. Elle s'organise autour d'une **idée générale** et se divise en **idées secondaires** de plus en plus précises et en **exemples**. Les **couleurs** permettent de classer les informations sur le même thème pour mieux les retenir.

Complétez la carte mentale avec les propositions suivantes.

▸ Triple-Entente ▸ génocide des Juifs et des Tziganes ▸ mondiales ▸ 1939-1945 ▸ mobilisation de toutes les ressources ▸ Axe ▸ SDN ▸ bombardements atomiques (1945) ▸ traité de Versailles -1919 ▸ 1914-1918 ▸ 60 millions de morts ▸ civils ▸ 16 millions de morts ▸ ONU ▸ Triple-Alliance ▸ propagande

- **GG** = Grande Guerre
- **2GM** = Seconde Guerre mondiale

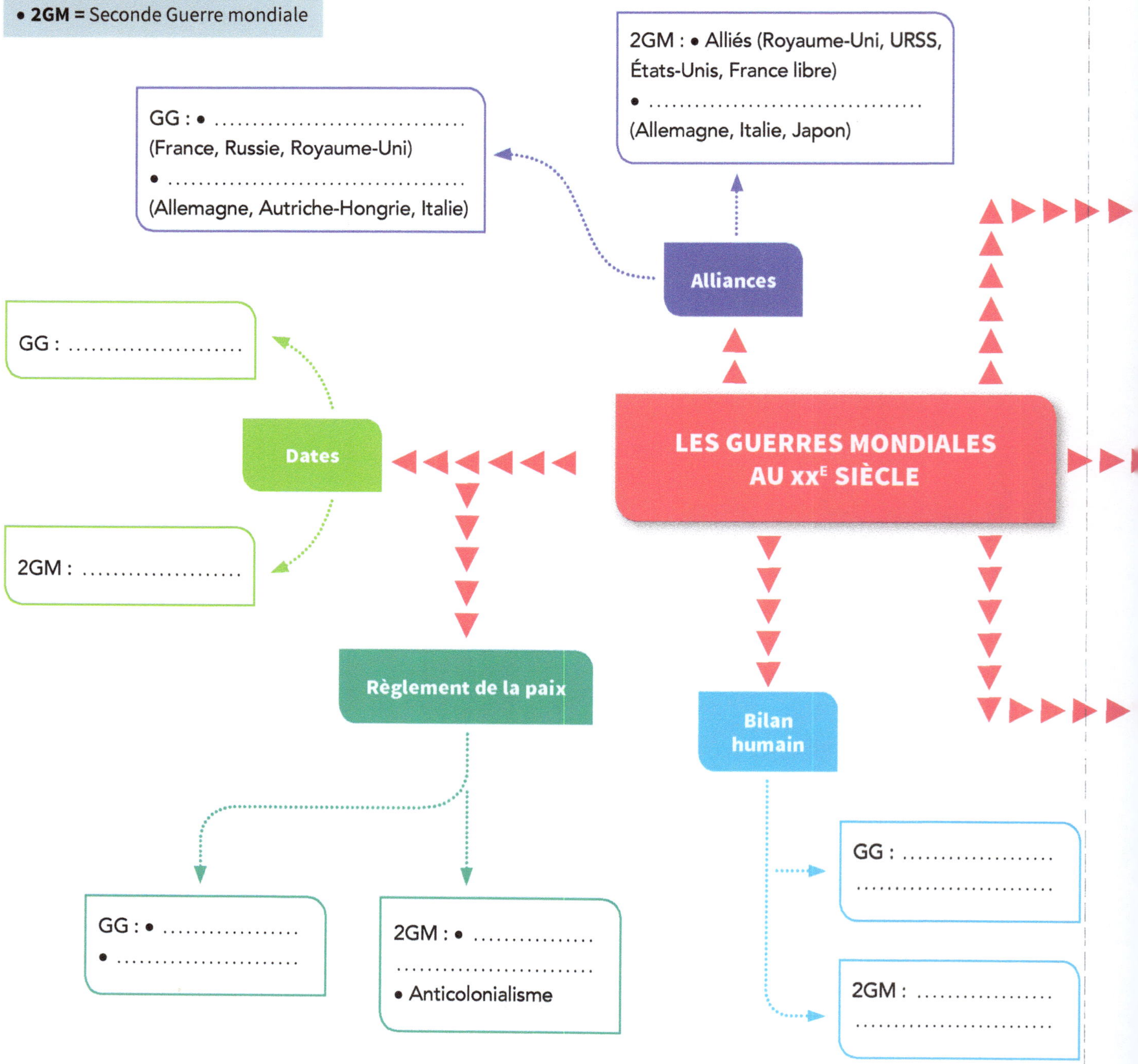

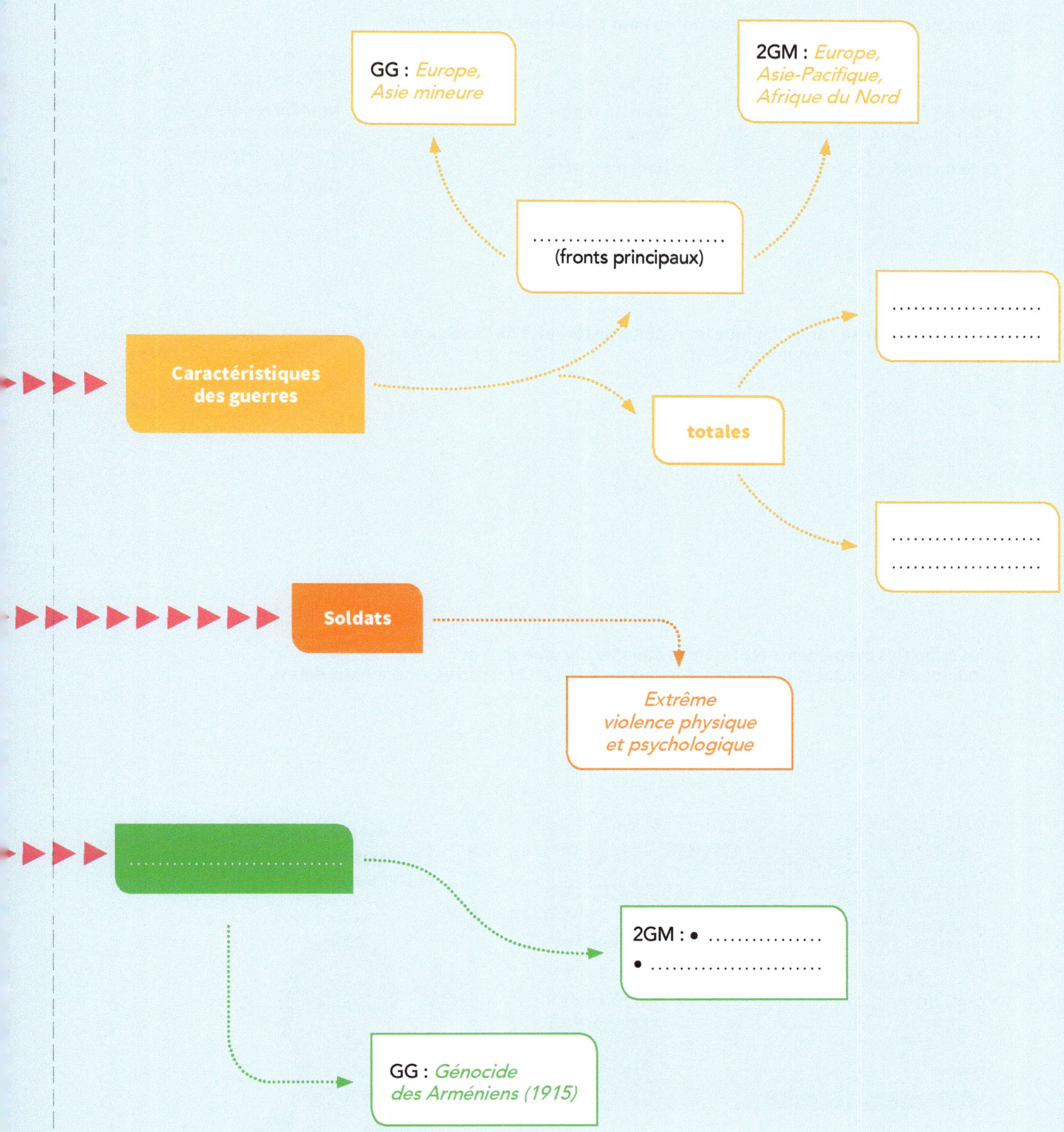
GG : Europe, Asie mineure
2GM : Europe, Asie-Pacifique, Afrique du Nord
.... (fronts principaux)
Caractéristiques des guerres
totales
....
....
....
....
Soldats
Extrême violence physique et psychologique
....
2GM : • ....
• ....
GG : Génocide des Arméniens (1915)

Le jour de l'épreuve, vous êtes évalué(e) sur la connaissance des repères historiques du programme. Cet exercice peut comporter un ou des documents à compléter (frises, croquis, schémas, définitions ou tableaux). Vous serez également amené(e) à répondre à des questions sur un ou deux documents.

PREMIÈRE PARTIE

Connaître les repères

1 Complétez les informations demandées pour chaque repère historique.

Repère historique 1
Nom du repère :
Génocide des Arméniens
Date du repère :
....

Repère historique 2
Nom du repère :
Signature du traité de Versailles
Date du repère :
....

Repère historique 3
Nom du repère :
Fin de la Seconde Guerre mondiale en Europe
Date du repère :
....

2 Placez sur la frise chronologique les repères historiques de l'exercice 1.
Indiquez-les avec les numéro 1, 2 et 3.

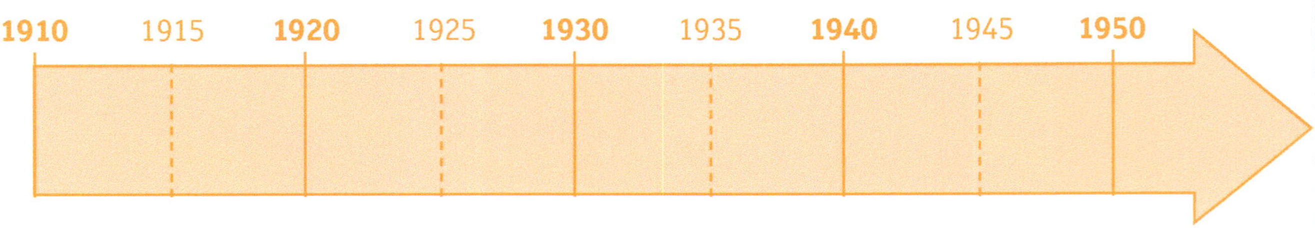

3 Identifiez les événements représentés dans les documents A et B.
Indiquez ensuite sur la frise chronologique les lettres A et B correspondant aux dates.

Document A

....

SIXIÈME DERNIÈRE
Paris-soir Dimanche
SAMEDI 1er OCTOBRE 1938
6e DERNIÈRE 50 cent.
C'est à 1 heure 35 ce matin que l'ACCORD des QUATRE a été signé à Munich
LA PAIX !
Demain, 1er OCTOBRE commencera l'évacuation des régions sudètes
M. Edouard Daladier est arrivé cet après-midi à 15 heures 48 au Bourget
Sur tout le parcours, de l'aérodrome à la rue Saint-Dominique, une foule immense a acclamé le Président du Conseil.
DÉJA A MUNICH, CE MATIN, IL AVAIT DU PARAITRE PLUSIEURS FOIS AU BALCON DE SON HOTEL POUR REPONDRE AUX ACCLAMATIONS

Document B

....

SECONDE PARTIE

DOC. 1

Charles de Gaulle, Discours du 18 juin 1940

« Les Chefs qui, depuis de nombreuses années sont à la tête des armées françaises, ont formé un gouvernement. Ce gouvernement, alléguant la défaite de nos armées, s'est mis en rapport avec l'ennemi pour cesser le combat.

Certes, nous avons été, nous sommes submergés par la force mécanique terrestre et aérienne de l'ennemi. Infiniment plus que leur nombre, ce sont les chars, les avions, la tactique des Allemands qui nous font reculer. Ce sont les chars, les avions, la tactique des Allemands qui ont surpris nos chefs au point de les amener là où ils en sont aujourd'hui. Mais le dernier mot est-il dit ? L'espérance doit-elle disparaître ? La défaite est-elle définitive ? Non !

Croyez-moi, moi qui vous parle en connaissance de cause et vous dis que rien n'est perdu pour la France. Les mêmes moyens qui nous ont vaincus peuvent faire venir un jour la victoire. Car la France n'est pas seule ! Elle n'est pas seule ! Elle n'est pas seule ! Elle a un vaste Empire derrière elle. Elle peut faire bloc avec l'Empire britannique qui tient la mer et continue la lutte. Elle peut, comme l'Angleterre, utiliser sans limite l'immense industrie des États-Unis.

Cette guerre n'est pas limitée au territoire malheureux de notre pays. Cette guerre n'est pas tranchée par la bataille de France. Cette guerre est une guerre mondiale. Toutes les fautes, tous les retards, toutes les souffrances n'empêchent pas qu'il y a dans l'univers tous les moyens nécessaires pour écraser un jour nos ennemis. Foudroyés aujourd'hui par la force mécanique, nous pourrons vaincre dans l'avenir par une force mécanique supérieure. Le destin du monde est là. [...]

Quoi qu'il arrive, la flamme de la résistance française ne doit pas s'éteindre et ne s'éteindra pas. Demain comme aujourd'hui, je parlerai à la radio de Londres. »

Discours radio-diffusé par la BBC depuis Londres.

Répondre aux questions sur un document

1 Présentez l'auteur de ce discours et précisez dans quel contexte il est prononcé.

....

....

2 Qui « s'est mis en rapport avec l'ennemi pour cesser le combat » (l. 3) ?

....

....

3 Expliquez pourquoi cette « guerre est mondiale » (l. 17).

....

....

4 Pourquoi de Gaulle affirme-t-il que la France « n'est pas seule » (l. 13) ?

....

5 De Gaulle fait référence à la « résistance » (l. 22).
Expliquez en quelques lignes ce que vous savez sur ce sujet.

....

....

....

....

Thème 1

LA RECOMPOSITION DU TERRITOIRE URBAIN EN FRANCE : MÉTROPOLISATION ET PÉRIURBANISATION

La moitié de la population mondiale est urbaine. En France, ce chiffre s'élève à plus de 80 % et ne cesse de progresser. Cette urbanisation s'accompagne d'un processus de **métropolisation** avec la concentration des populations, des activités et des fonctions de commandement dans les grandes villes. Les **dynamiques urbaines** sont également marquées par l'émergence d'**espaces périurbains**.

➔ **Quelles sont les dynamiques territoriales et les façons d'habiter dans les métropoles et espaces périurbains ?**

Du plus lointain…

DOC. 1

Magny-le-Hongre, un village de la région parisienne dans les années 1980

À L'ORAL

1. **Dans les espaces représentés, quelles sont les formes d'habitat ?**
2. **Lequel de ces deux espaces est le plus connecté à la ville ?**

Capacités travaillées

- Questionner des documents pour conduire une analyse géographique, **p. 82**
- Décrire une situation géographique pour compléter un schéma de géographie, **p. 84**
- Décrire et expliquer les mobilités et les activités du quotidien d'un habitant d'une métropole ou d'une commune périurbaine, **p. 88**
- Questionner des documents pour conduire une analyse géographique et rendre compte à l'écrit d'une recherche sur une petite ou moyenne ville dans votre région, **p. 90**

Les ressources du thème

- Le quartier de la Croix-Rousse, **p. 88**
- Analyser l'espace périurbain, **p. 94**
- Les centres villes de plus en plus déserts, **p. 99**

Regardez la vidéo du thème.
liennathan.fr/n93zi7

… au plus proche

La commune a longtemps eu la croissance démographique la plus forte en Île-de-France.

DOC. 2

Magny-le-Hongre, aujourd'hui

Ça me concerne

3. **Pourquoi, selon vous, ces documents ont été choisis pour illustrer ce thème ?**
4. **Que pensez-vous savoir sur le thème que vous allez étudier ?**

SE REPÉRER DANS L'ESPACE

Une dizaine d'aires urbaines françaises parmi les plus peuplées

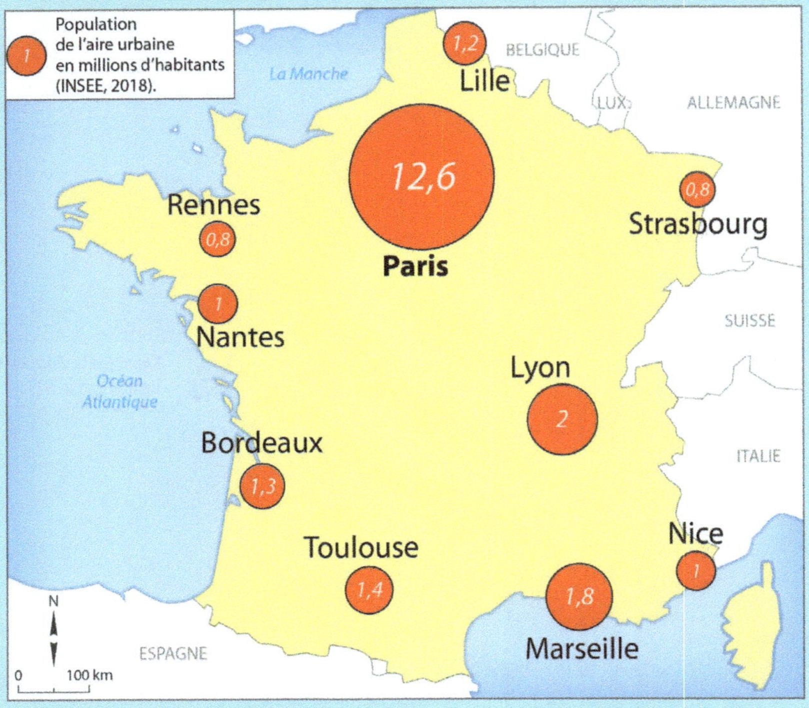

Les principaux pôles urbains

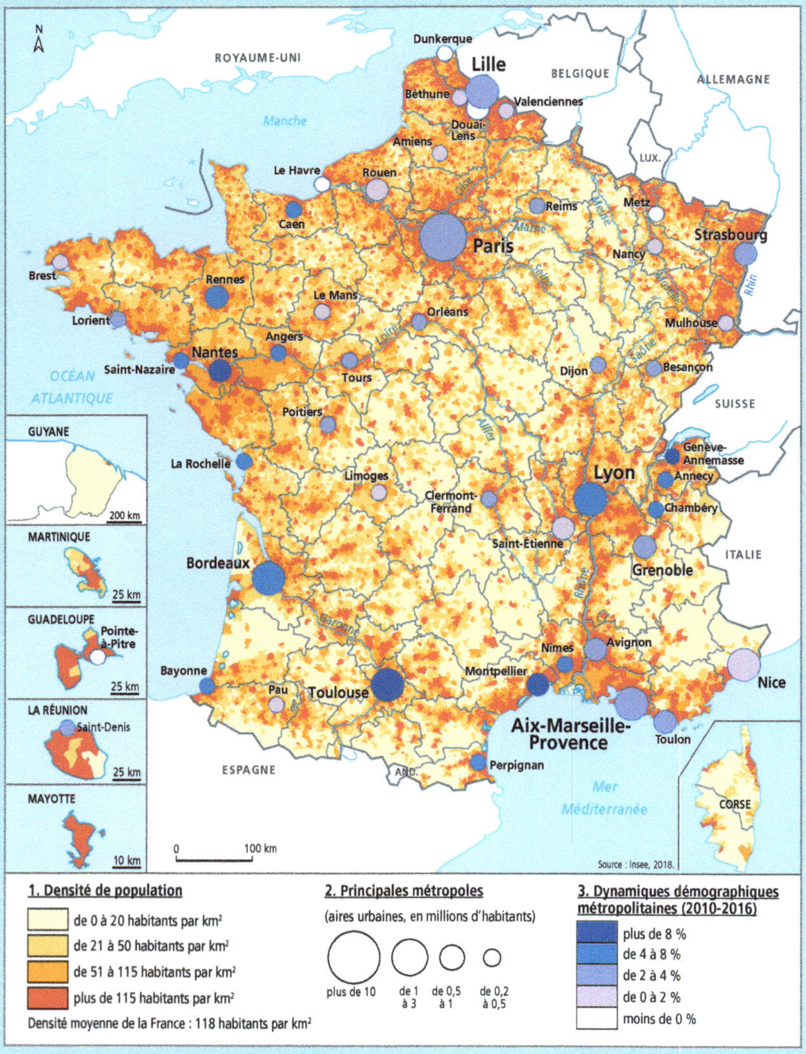

Les acteurs participant à l'aménagement des territoires à toutes les échelles

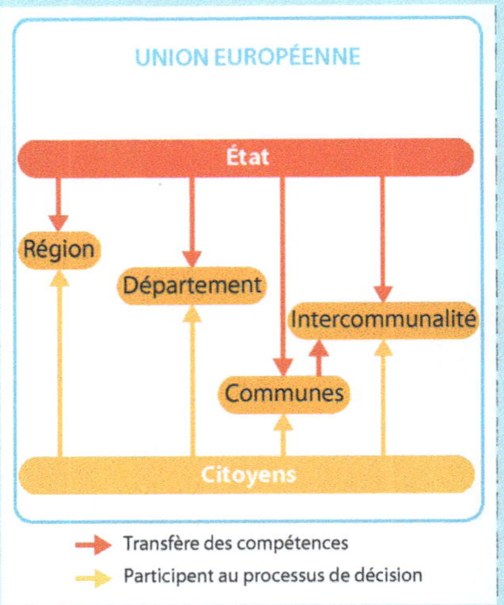

Les différents espaces d'une aire urbaine

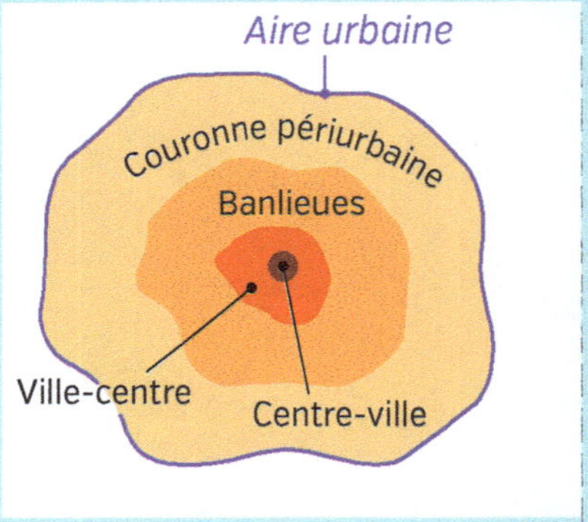

Regardez le **portfolio** des repères du thème pour pour mieux les **retenir**. liennathan.fr/gr53r9

Un espace périurbain dynamique et en extension près de Perpignan

Des espaces périurbains en difficulté : blocage d'un rond-point en Alsace en 2018

Les espaces d'activités : la zone commerciale de Plan de Campagne près de Marseille

COURS 1

LA MÉTROPOLISATION ET LA RECOMPOSITION DU TERRITOIRE URBAIN EN FRANCE

POUR MÉMORISER

Écouter votre cours plusieurs fois vous permettra de mieux le retenir.

L'audio du cours.
liennathan.fr/r2j26h

L'urbanisation a favorisé l'émergence de métropoles

La France est un pays très urbanisé : plus de 80 % de la population vit dans des **aires urbaines**. Les principales d'entre elles appartiennent à un **réseau** de **métropoles** densément peuplées, très actives et formées de paysages particuliers (**DOC. 2**).

La **métropole parisienne** rayonne à l'échelle mondiale et concentre 20 % de la population française. Avec 12,6 millions d'habitants, elle est loin devant les deux autres grandes métropoles françaises, **Lyon** (2,4 millions) et **Marseille** (1,8 million). Le réseau métropolitain français est formé d'une dizaine de villes concentrant le tiers de la population française. Les métropoles secondaires émergent grâce aux politiques d'**aménagement du territoire** et aux **lois de décentralisation** de 1982. Ces dernières visent à transférer les compétences de l'État vers d'autres échelles territoriales (Régions, départements, communes).

→ J'EXPÉRIMENTE 1 - P. 82

Des dynamiques de métropolisation inégale

Le processus de **métropolisation** accompagne l'urbanisation et renforce la concentration des populations, des activités et des fonctions de commandement au sein des métropoles. **Les fonctions métropolitaines** sont variées : économiques (quartiers des affaires), culturelles (musées) ou encore politiques (sièges d'institutions). Mais seule Paris est une métropole mondiale, les autres métropoles sont des centres à l'échelle nationale et surtout régionale, comme c'est le cas pour Lyon ou Toulouse.

Depuis 2014, vingt-deux **aires urbaines** françaises ont obtenu le statut de « **métropoles** ». Des politiques ont été mises en place pour rendre ces espaces plus attractifs. Ainsi, la ville de Nantes valorise son territoire en développant une communication autour de la « ville créative » (**DOC. 3**). Paris domine le réseau métropolitain français, mais les transports permettent aussi d'intégrer les métropoles régionales au reste du territoire français.

→ J'EXPÉRIMENTE 2 - P. 84

VOCABULAIRE & NOTIONS

- **Aire urbaine :** espace continu composé par une ville-centre, ses banlieues et une couronne périurbaine.
- **Réseau :** ensemble de lignes ou de relations permettant de connecter des lieux et des acteurs entre eux.
- **Métropole :** ville de grande importance qui exerce des fonctions de commandement, d'organisation et d'impulsion dans une région (métropole régionale) ou à l'échelle mondiale (métropole mondiale).
- **Aménagement du territoire :** politiques et interventions programmées de l'État ou des collectivités territoriales sur un territoire donné dans le but de le façonner.
- **Métropolisation :** concentration de la population, des activités et des fonctions de commandement dans les métropoles.

DOC. 1

Jean Nouvel

Jean Nouvel (né en 1945), architecte français contemporain, a participé à la création de monuments à Paris (Institut du monde arabe, Fondation Cartier, musée du quai Branly, Philharmonie) et en province (centre commercial d'Euralille à Lille, palais de justice de Nantes...

DOC. 2

La diversité des métropoles en France

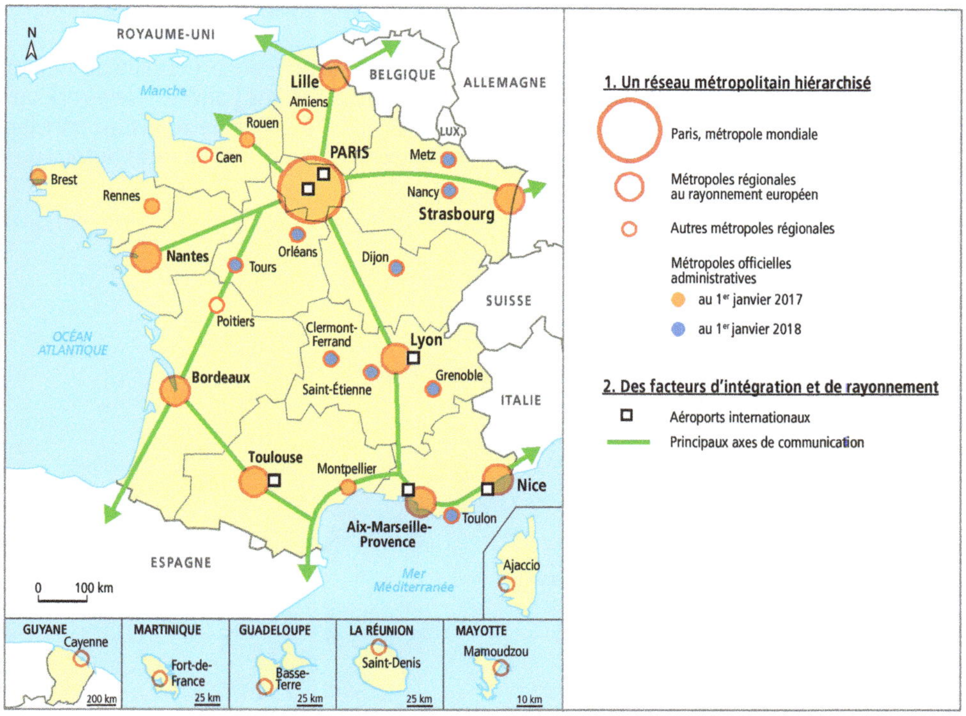

DOC. 3

À la une !

?

Lecture active du cours

1 Relevez trois caractéristiques des métropoles françaises.

....

....

....

2 Pourquoi la ville de Paris domine-t-elle le réseau des métropoles en France ?

....

....

....

3 Quelle est la différence entre une métropole mondiale et une métropole régionale ?

....

....

....

SYNTHÈSE

4 Construisez une phrase avec les trois idées principales du cours.

....

....

....

....

ON EN PARLE AUTREMENT...

UNE BD
Oliv', *Guide de Paris en bandes dessinées*, Petit à Petit éditions, 2017.

J'EXPÉRIMENTE

Écoutez le cours associé.
liennathan.fr/aw8o15

1 Paris, une métropole mondiale

Paris est la seule **métropole** mondiale en France. Peuplée de 12,6 millions d'habitants, elle est capable de rivaliser avec des villes comme Londres, New York ou Tokyo grâce à ses fonctions de commandement et ses activités. L'**agglomération** parisienne domine le système urbain français avec des réseaux de transports structurés autour de la capitale.

➔ **Pourquoi Paris est-elle une métropole de rang mondial ?**

DOC. 1

Paris et l'aire urbaine parisienne

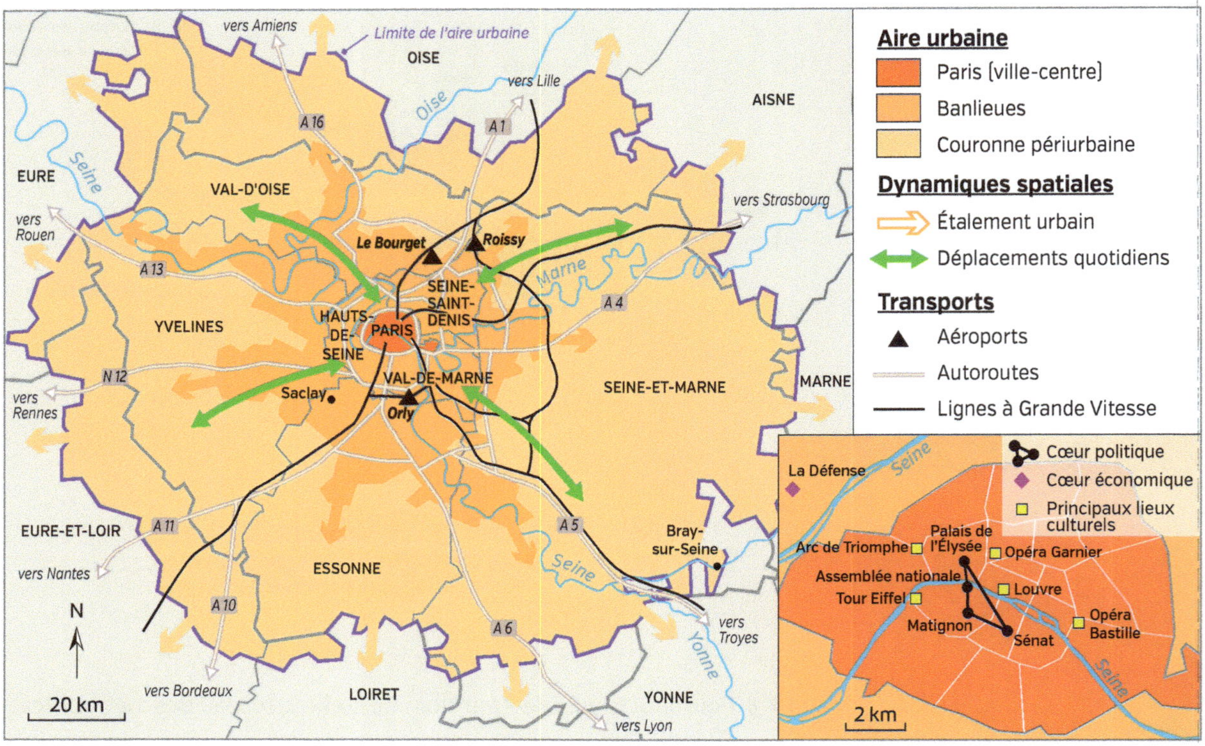

DOC. 2

Paris, capitale olympique

1 Tour Montparnasse (gare, bureaux et centre commercial)
2 Invalides et musée de l'Armée
3 Pont Alexandre III et la Seine
4 Siège social d'Air France
5 Ambassades étrangères (Chine, Autriche, Canada, Chili…)

DOC. 3

Le quartier des affaires de La Défense

1 Suez Environnement 2 Total 3 Areva 4 EDF
5 Société Générale

CAPACITÉ

▶ Questionner des documents pour conduire une analyse géographique

DOC. 4

Le siège de l'UNESCO à Paris

L'Organisation des Nations unies pour l'éducation, la science et la culture (UNESCO) est une institution de l'ONU, créée en 1945, dont le siège se situe à Paris.

VOCABULAIRE & NOTIONS

- **Métropole :** ville de grande importance qui exerce des fonctions de commandement, d'organisation et d'impulsion dans une région (métropole régionale) ou à l'échelle mondiale (métropole mondiale).
- **Agglomération :** espace formé par un ensemble bâti et urbanisé de façon continue entre une ville-centre principale et les communes de banlieue.
- **Quartier des affaires :** centre économique et financier d'une ville caractérisé par son paysage (gratte-ciel...).

?

Comprendre et analyser les documents

1 Identifiez les espaces urbains et les réseaux de transports qui structurent l'aire urbaine de Paris (DOC.1).

....

....

....

....

2 Quelles activités font de Paris une métropole ? Complétez le tableau.

Activités économiques (DOCS 1, 2 et 3)	Activités culturelles (DOCS 1, 2 et 4)	Activités politiques (DOCS 1, 2 et 4)
....	....	....
....	....	....
....	....	....

CAPACITÉ

Questionner des documents pour conduire une analyse géographique

3 Complétez le schéma suivant à l'aide des documents.

PARIS : UNE MÉTROPOLE MONDIALE

Activités et fonctions de commandement :
- commandement politique (doc.1)
- commandement économique (docs 1 et 3)
- commandement culturel (docs 1 et 4)

Concentration de la population et de la main-d'œuvre : ....
....
....
....

Des investissements économiques : ....
....
....
....

Un rayonnement national mais aussi mondial : ....
....
....
....

J'EXPÉRIMENTE

Écoutez le cours associé.
liennathan.fr/1n8k7a

2 Les métropoles françaises : des territoires attractifs

Si Paris domine le réseau urbain français, d'autres grandes agglomérations possèdent des fonctions métropolitaines et exercent une influence dans leur région et parfois en Europe.

➔ Comment expliquer l'attractivité des métropoles régionales en France ?

DOC. 1 L'aéroport Lyon-Saint-Exupéry, troisième plateforme aéroportuaire de France

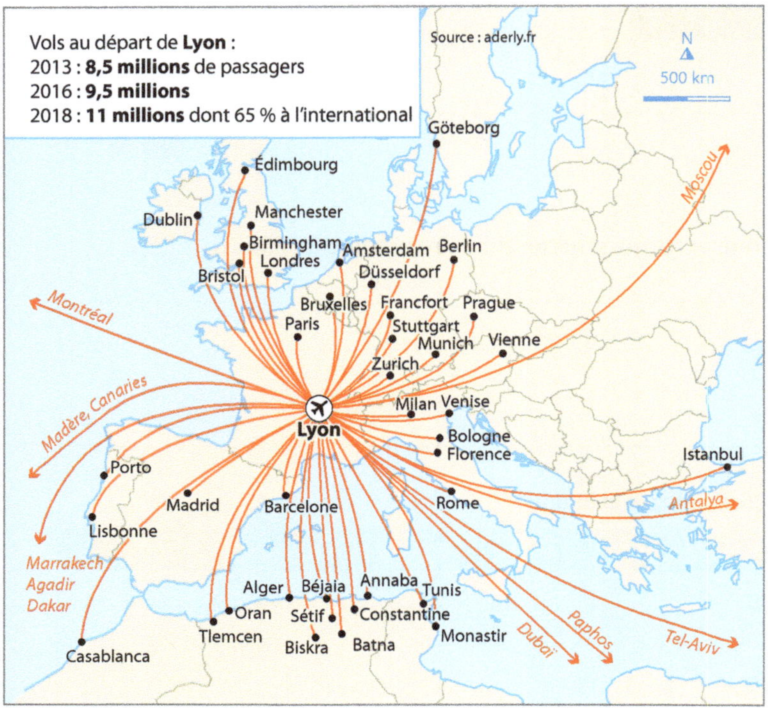

DOC. 2 L'attractivité des métropoles régionales

De l'arc atlantique à l'axe rhodanien[1], les grandes métropoles s'illustrent par leur vitalité [...] : Bordeaux, Nantes, ou encore Rennes, Toulouse et Lyon. Elles réussissent à favoriser à la fois l'installation des entreprises et celles des populations, notamment jeunes. [...] L'attractivité économique est indissociable des enjeux de bien-être et de qualité de vie, d'où l'importance d'assurer une offre de services la plus globale possible. Au-delà d'un climat agréable commun aux villes les plus prisées, ces grandes zones urbaines ont développé une programmation culturelle riche, des transports en commun, [...] ou encore un enseignement supérieur de qualité. [...] Dans les plus grandes métropoles, on constate aussi une forte présence du secteur de la recherche fondamentale ou technologique.

1. Vallée du Rhône.

Alexia Eychenne, « Les métropoles régionales réconcilient dynamisme économique et qualité de vie », *Les Échos*, 15 novembre 2019.

DOC. 3 Lille, une métropole française et européenne

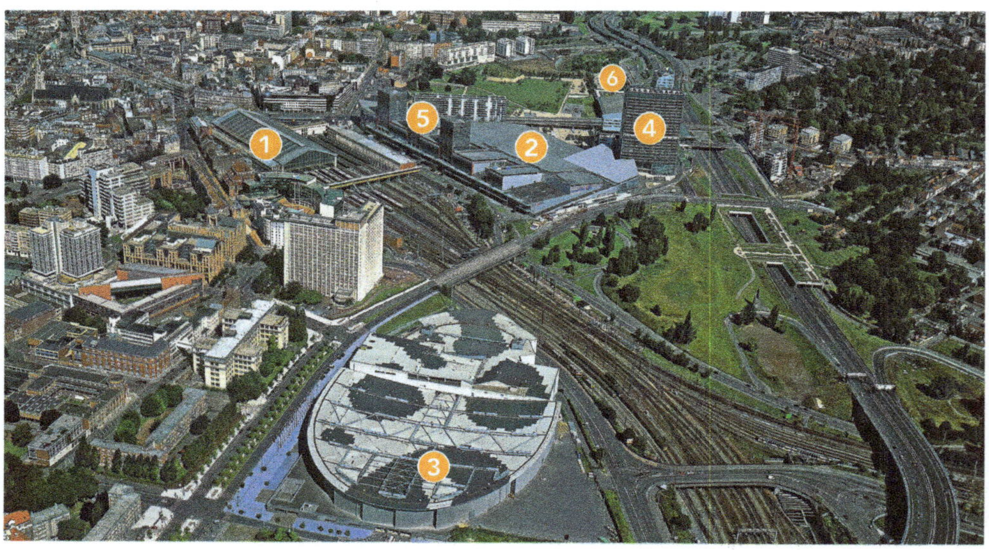

1. Gare de Lille-Flandres
2. Centre commercial Euralille
3. Lille Grand Palais (salle de spectacle, palais des Congrès)
4. Tour de Lilleurope (service aux entreprises)
5. Tours de bureaux
6. Gare TGV Lille-Europe

?

Comprendre et analyser les documents

1 Expliquez l'importance des transports dans le processus de métropolisation (DOCS 1, 2 et 3).

....

....

....

....

2 Quelles sont les activités et les fonctions importantes des métropoles régionales (DOCS 1, 2 et 3) ?

....

....

....

3 Surlignez dans le document 2 la phrase montrant que les métropoles françaises sont attractives.

CAPACITÉ

Décrire une situation géographique pour compléter un schéma de géographie

4 À l'aide des documents, complétez le schéma suivant : légende, titre et titre des parties.

Titre : ....

....

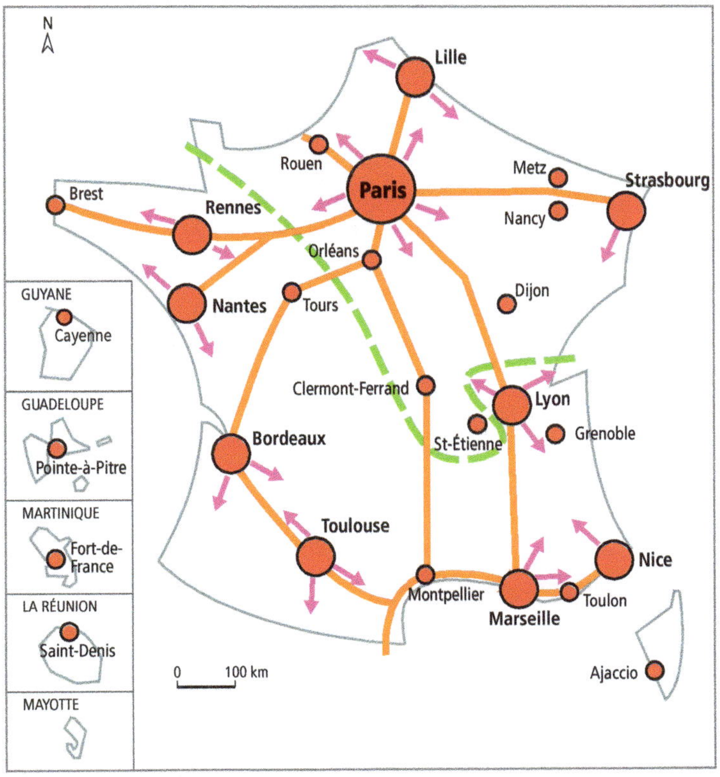

Légende :

I. ....

.... Paris, capitale et métropole mondiale

.... Métropoles régionales attractives

.... Autres métropoles

II. Dynamiques et mobilités

Métropoles les plus attractives au sud de cette ligne

....

....

COURS 2

URBANISATION ET DYNAMIQUES URBAINES EN FRANCE

Centre et périphéries dans les aires urbaines

Les villes ont connu un fort développement ; les constructions se sont multipliées et étendues en **périphérie** aux dépens des espaces ruraux. Les **aires urbaines** sont les espaces les plus peuplés en France : environ 60 % des Français vivent dans des **pôles urbains**, en **centre-ville** ou dans la **banlieue**. Les centres-villes concentrent les fonctions de commandement des métropoles et une population nombreuse, mais n'enregistrent qu'une très **faible croissance urbaine**.

Aujourd'hui, les centres-villes des métropoles sont moins attractifs qu'autrefois (manque d'espace, pollution, prix du logement). Toutefois, certains quartiers populaires s'embourgeoisent avec l'installation de populations plus riches : c'est la **gentrification**.

Par ailleurs, un nombre croissant d'actifs, travaillant dans les pôles urbains, réside en périphérie de ces pôles. Ce mouvement est lié en partie à l'essor de l'automobile et à l'accroissement des prix de l'immobilier dans les centres-villes.

On **observe des écarts de niveaux de vie et de façons d'habiter** entre les différents espaces de l'aire urbaine : centres-villes gentrifiés ou populaires, banlieues pavillonnaires ou formées par de grands ensembles d'habitat collectif, couronne périurbaine éloignée composée de lotissements.

→ J'EXPÉRIMENTE 3 - P.88

Des dynamiques urbaines contrastées en France

En France, les petites villes et les villes moyennes constituent le dernier échelon de la hiérarchie urbaine par leur taille, leur poids démographique ou la nature des activités présentes. Pourtant, elles forment la **majorité des aires urbaines** françaises : 23 % de la population française vit dans des petites villes et villes moyennes.

Leurs dynamiques sont marquées par la fermeture de commerces et de nombreux services publics de proximité comme les infrastructures de santé. Néanmoins, quelques-unes d'entre elles forment des espaces en croissance démographique bénéficiant de la dynamique des pôles urbains.

→ J'EXPÉRIMENTE 4 - P.90

POUR MÉMORISER

Écouter votre cours plusieurs fois vous permettra de mieux le retenir.

L'audio du cours.
liennathan.fr/fr33k8

ON EN PARLE AUTREMENT...

UNE BD
Dupuy et Berbérian, *Bienvenue à Boboland*, éd. Fluide glacial, 2008.

VOCABULAIRE & NOTIONS

- **Périphérie :** espace situé autour d'un centre et qui généralement en dépend.
- **Pôle urbain :** unité urbaine formée d'un centre-ville et de sa banlieue. Elle offre au moins 10 000 emplois.
- **Banlieue :** ensemble urbain se trouvant en périphérie proche des centres-villes.
- **Gentrification :** processus d'embourgeoisement de certains quartiers populaires par l'arrivée de populations plus aisées.
- **Agglomération :** espace formé par un ensemble bâti et urbanisé de façon continue entre une ville-centre principale et les communes de banlieue.

DOC. 1
Auguste Perret

Auguste Perret (1874-1954) est un architecte français. Après la Seconde Guerre mondiale, il a reconstruit entièrement le centre-ville du Havre à la demande du ministère de la Reconstruction et de l'Urbanisme.

DOC. 2
Les villes petites et moyennes en France

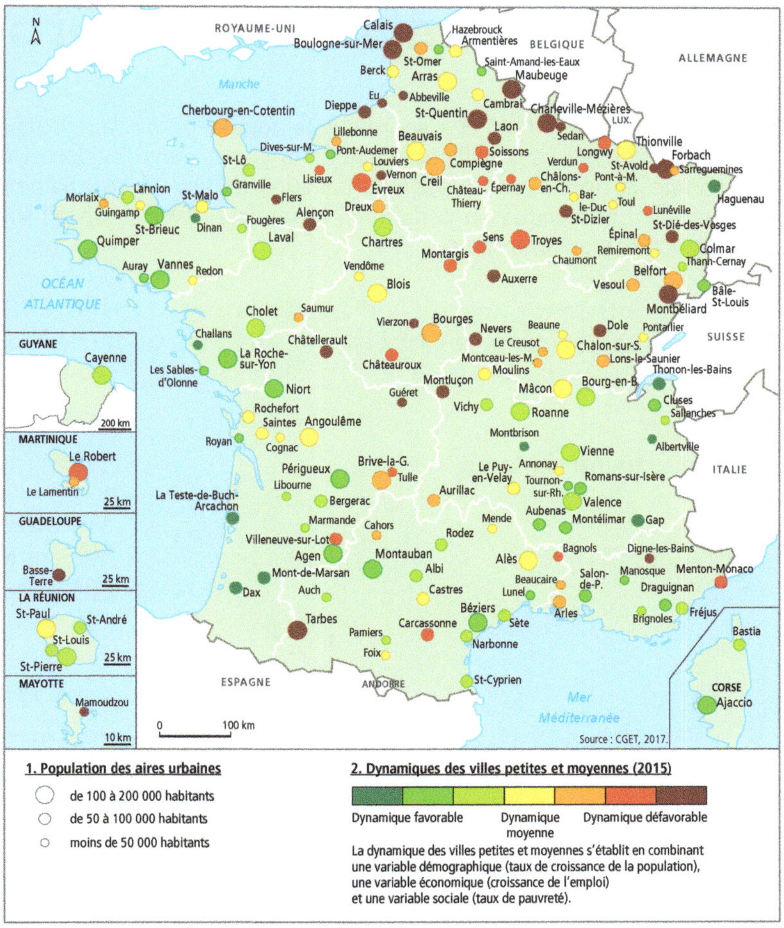

DOC. 3
À la Une !

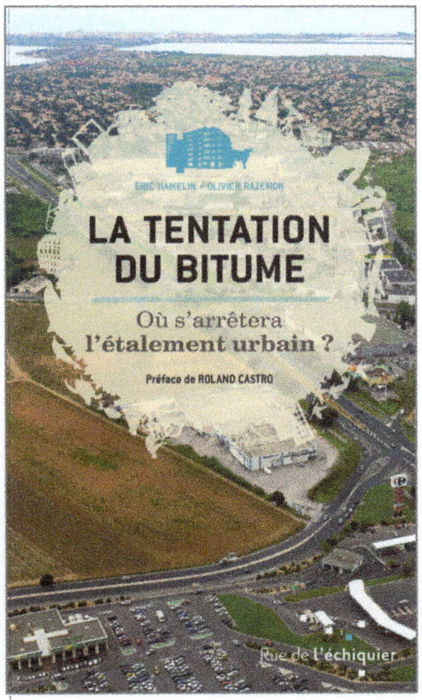

?

Lecture active du cours

1 Quels sont les deux types d'espaces qui composent un pôle urbain ?

....

....

2 En quoi les espaces en périphérie des centres-villes sont-ils variés ?

....

....

3 Relevez trois caractéristiques des villes petites et moyennes en France.

....

....

....

SYNTHÈSE

4 Construisez une phrase avec les trois idées principales du cours.

....

....

....

Écoutez le cours associé.
liennathan.fr/s6id71

3 Les activités et les mobilités des habitants de l'aire urbaine lyonnaise

Entre les années 1950 et aujourd'hui, la population de l'aire urbaine lyonnaise a doublé. Environ 2,4 millions d'habitants vivent dans l'agglomération lyonnaise composée de 514 communes réparties sur 6 000 km². L'aire urbaine s'est fortement densifiée et étendue en périphérie. Les trajets domicile-travail sont aujourd'hui beaucoup plus complexes.

➔ Comment caractériser les activités et les mobilités du quotidien des habitants de l'aire urbaine lyonnaise ?

DOC. 1

L'aire urbaine de Lyon

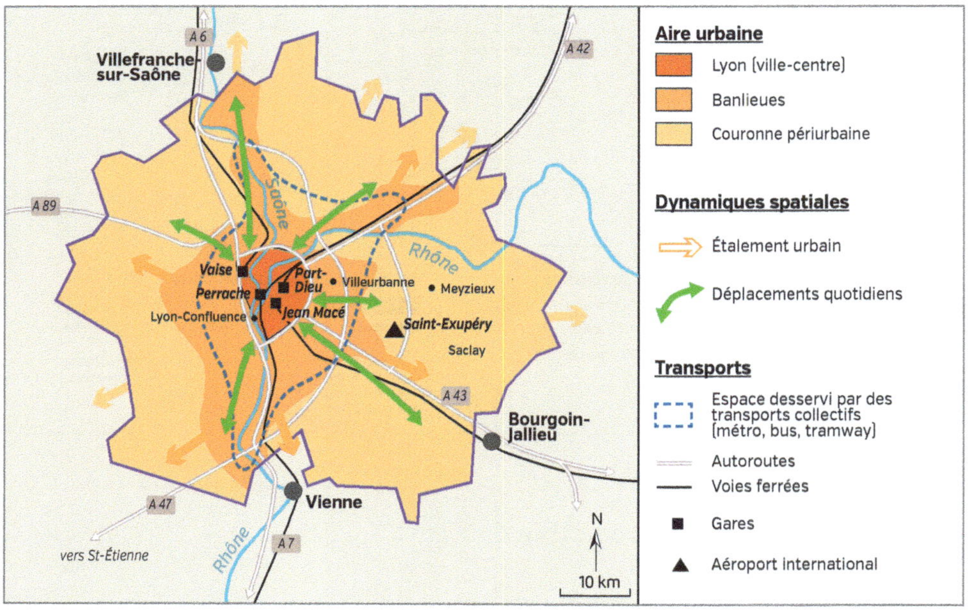

DOC. 2

Les habitants de l'agglomération lyonnaise racontent leur quotidien

A Donald, de Lyon (quartier de la Croix-Rousse, entre le Rhône et la Saône)

« Quand je voyage et que je reviens à Lyon, je me rends compte combien ma ville natale est belle. Bien sûr qu'il y a beaucoup de points négatifs mais il y a énormément de positif : vie économique, commerçants de qualité, théâtres et salles de spectacles, marchés fantastiques à la Croix-Rousse en particulier et de plus en plus de pistes cyclables et de cyclistes ce qui contribue à réduire la pollution à Lyon. Lyon devrait être plus « verte » (places, parc). »

D'après *Lyon Mag*, 20 janvier 2020.

Visitez le quartier de la Croix-Rousse.
liennathan.fr/0f9ef0

B Romain, de Lyon (quartier de la Guillotière, Jean-Macé)

« La Guillotière, ce quartier populaire moqué dans les grandes familles bourgeoises est aujourd'hui victime de son succès. Le prix de l'immobilier y devient clairement déraisonnable et les loyers également. Depuis 15 ans, nous, habitants de la Guillotière, menons des actions dans ce quartier. Jamais les lieux alternatifs n'y ont été si nombreux. Au milieu, et on l'oublie, de poches de pauvreté bien réelles. Notre quartier est un endroit vivant, populaire, libre, alternatif, mélangé. »

D'après « Le fantasme de la Guillotière », *Lyon Mag*, 20 juin 2018.

CAPACITÉ

▶ **Décrire et expliquer les mobilités et les activités du quotidien d'un habitant d'une métropole**

C Nicolas, de Vénissieux

« J'avais toujours habité dans le quartier de la Part-Dieu. Mais comme je travaille en dehors de Lyon, dans le Nord-Isère, je voulais me rapprocher du périphérique et d'un accès à l'A43. Je ne cherchais pas spécialement à Vénissieux, ça ne me branchait pas trop, à cause de la réputation de la ville... Et puis j'ai acheté un appartement à Moulin-à-Vent [à Vénissieux], il y a près d'un an. C'est un coin tranquille et accessible financièrement, que je connaissais un peu. Il y a des petits commerces et un grand centre nautique, le tram va bientôt y passer... Je ne vais pratiquement jamais dans le centre-ville de Vénissieux, on est plus tourné vers Lyon. »

« Paroles de néo-Vénissians ! », *Expressions, les nouvelles de Vénissieux*, 22 septembre 2017.

D Jean-Marc, de Meyzieu

« C'est Meyzieu qui offrait le meilleur rapport qualité prix dans une maison. J'ai découvert avec surprise la rapidité du tram pour aller travailler à Lyon. Le cadre est incomparable avec celui que nous connaissions à Paris. Ma femme apprécie le côté vert et, bien entretenu, la ville et ses pistes cyclables. Nous avons accès au parc du Grand Large, et j'apprécie beaucoup les promenades dans cet endroit. »

D'après *Le Progrès*, 27 septembre 2015.

?

CAPACITÉ

Décrire et expliquer les mobilités et les activités du quotidien d'un habitant d'une métropole

1 **Dans quelle partie de l'aire urbaine vivent les habitants du document 2 ? Aidez-vous du document 1.**

DOC. 2 A ET B : ....

DOC. 2 C : ....

DOC. 2 D : ....

2 **Dans les témoignages A, B, C et D, surlignez de différentes couleurs :**
- **les différentes parties de l'aire urbaine ;**
- **les différentes activités de la périphérie ;**
- **les différents habitants de ces périphéries.**

3 **Montrez que les nouvelles façons d'habiter Lyon ont des conséquences sur les déplacements quotidiens (DOCS 1 et 2).**

....

....

....

4 **Racontez en quelques lignes votre expérience de mobilité quotidienne.**

....

....

....

....

5 **Dans un schéma simple au brouillon, placez votre domicile, votre lieu de scolarisation, vos lieux de loisirs et vos lieux de consommation. Reliez les différents lieux en suivant l'exemple.**

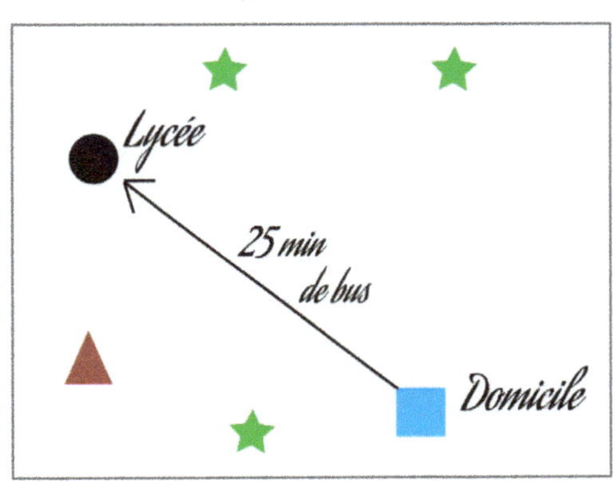

J'EXPÉRIMENTE

Écoutez le cours associé.
liennathan.fr/95dca2

4 Petites villes et villes moyennes : déclin ou dynamisme ?

Les petites villes et villes moyennes en France constituent le dernier échelon du réseau urbain par leur taille ou par leur population (moins de 200 000 habitants). Elles regroupent 23 % de la population et 26 % des emplois. Face aux métropoles régionales, ces villes peuvent être confrontées à des difficultés ou, au contraire, être assez dynamiques.

➔ **Comment expliquer la diversité des petites villes et villes moyennes françaises ?**

DOC. 1

Les petites villes et villes moyennes dans le système urbain français

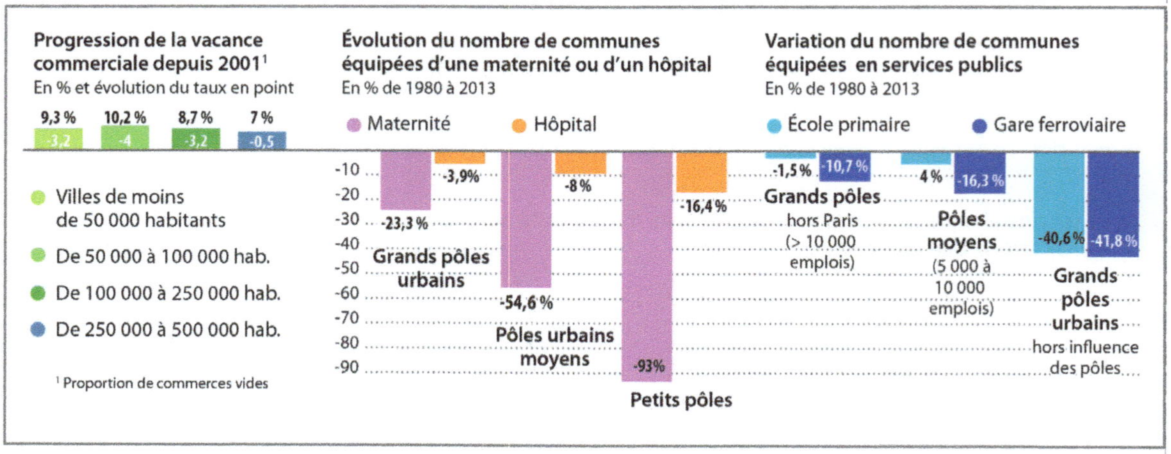

DOC. 2

La difficulté des villes moyennes face aux métropoles

Délaissées au profit des métropoles, les villes moyennes comptent leurs plaies : isolement, faibles ressources, exil des jeunes et des diplômés, chômage, pauvreté. Pour leurs élus, l'égalité des territoires prévue par la Constitution n'est plus qu'un souvenir. Comme à Montluçon (Allier), où le combat d'une desserte ferroviaire décente en conditionne beaucoup d'autres. [...]

Selon une note du Commissariat général à l'égalité des territoires (CGET), une trentaine de villes moyennes en France, dont Montluçon, sont « particulièrement fragiles » parce qu'elles concentrent plusieurs des difficultés observées parmi les 203 villes de taille et rôle semblables répertoriées, principalement des villes de 20 000 à 100 000 habitants. On compte, dans ces « maillons fondamentaux de l'armature urbaine française », selon le CGET : une spécialisation industrielle et administrative, une population plus âgée que dans les métropoles, une plus faible proportion de cadres et de diplômés de l'enseignement supérieur, des jeunes moins bien insérés. Et, bien sûr, un chômage plus sensible à la crise de 2008 et un fort taux de pauvreté.

Jean-Michel Dumay, « La France abandonne ses villes moyennes », *Le Monde diplomatique*, mai 2018.

CAPACITÉ

▶ Questionner des documents pour conduire une analyse géographique et rendre compte à l'écrit d'une recherche sur une ville petite ou moyenne dans votre région

DOC. 3

Metz (Lorraine), une ville moyenne dynamique

Campagne de promotion en faveur de l'implantation d'entreprises dans l'agglomération de Metz, 2020.

DOC. 4

L'importance des petites villes et villes moyennes en France

Outre les métropoles, il existe une multiplicité de villes petites et moyennes qui forment l'essentiel de l'armature urbaine du territoire national. Les villes moyennes polarisent un espace plus restreint que les métropoles, mais elles ont un rôle essentiel dans la vie quotidienne des habitants car elles concentrent les services administratifs, sanitaires et commerciaux essentiels aux populations. Elles possèdent en effet les services intermédiaires auxquels la population d'un bassin de vie a recours de manière régulière quoique non quotidienne, comme les administrations, les hôpitaux, les universités... Elles jouent un rôle d'intermédiaire entre les métropoles et le reste du territoire. Toutefois, ces villes moyennes sont de plus en plus menacées dans leurs fonctions par le retrait de certains services de l'État et par le choix de la concentration de certains services. [...] Le réseau des petites villes est quant à lui très diversifié. Ces villes, relais locaux, ont des fonctions de proximité essentielles en ce qui concerne les commerces et les services du quotidien.

Éloïse Libourel, géographe au Laboratoire ville, mobilité, transport (LVMT), *Géographie de la France*, Armand Colin, 2017.

Comprendre et analyser les documents

1 Quelles sont les difficultés rencontrées par les petites villes et villes moyennes en France (DOCS 1 et 2) ?

....

....

....

2 Montrez que certaines villes moyennes offrent une image dynamique (DOCS 3 et 4).

....

....

....

3 Identifiez les fonctions des petites villes ou des villes moyennes dans leur territoire (DOCS 2, 3 et 4).

....

....

....

?

CAPACITÉ

Rendre compte à l'écrit d'une recherche sur un petite ou moyenne ville dans votre région

4 Menez une recherche documentaire sur une petite ville ou une ville moyenne de votre choix dans votre région. Vous montrerez l'un des aspects suivants : les difficultés de cet espace urbain ou les facteurs de dynamisme et d'attractivité de cet espace urbain.

....

....

....

....

....

....

....

....

....

COURS 3

LA PÉRIURBANISATION : VIVRE ENTRE MONDE RURAL ET MONDE URBAIN

POUR MÉMORISER

Écouter votre cours plusieurs fois vous permettra de mieux le retenir.

L'audio du cours.
liennathan.fr/mn6b96

Les espaces périurbains en France : entre ville et campagne

L'étalement urbain a pour conséquence l'apparition des **espaces périurbains**. Leur particularité est d'être situé au-delà des **banlieues** et aux limites de l'**espace rural**. Ils sont donc marqués par la discontinuité du bâti, et plus de 40 % de leur population travaille dans un pôle urbain.

Ces espaces périurbains forment une zone de contact entre le monde rural et le monde urbain. Près de 30 % de la population française habite en zone périurbaine, dans des **communes urbaines** (plus de 2 000 habitants) ou des **communes rurales** (moins de 2 000 habitants). Les formes d'habitat y sont très variées, mais on retrouve souvent des habitations individuelles dans les **lotissements**.

→ J'EXPÉRIMENTE 5 - P.94

La périurbanisation : des territoires et des modes de vie très divers

Le **mode de vie** des habitants des espaces périurbains est marqué par les **mobilités**. Il faut se déplacer pour se rendre au travail ou dans certains établissements scolaires, pour accéder aux loisirs, pour réaliser des achats ou des démarches administratives. Les déplacements se font en direction des centres-villes ou dans des territoires de proximité : il s'agit de **mobilités pendulaires**.

Les **activités** présentes dans les espaces périurbains sont variées et liées à l'étalement urbain en périphérie comme c'est le cas des **zones d'aménagement concerté**. On y trouve, par exemple, des surfaces commerciales, des centres de recherche, des zones industrielles. Par leur proximité avec le monde rural, le périurbain est aussi un espace de **loisirs** (espaces forestiers, parcs naturels régionaux...) et d'**activités agricoles**. Cette diversité est parfois source de **conflits d'usage** et de débat sur l'**aménagement du territoire**. Certaines communes périurbaines peuvent proposer une manière d'habiter répondant à des objectifs sociaux et de **développement durable** avec l'essor de l'agriculture de proximité, de circuits courts, etc.

→ J'EXPÉRIMENTE 6 - P.96

VOCABULAIRE & NOTIONS

- **Espace périurbain :** espace situé au-delà d'une ville et de sa banlieue dans l'aire urbaine. Né de l'extension des villes vers la périphérie, l'espace périurbain se situe aux frontières de l'espace rural.
- **Espace rural :** caractérisé par des faibles densités de population et de bâti, ainsi que par la présence d'activités principalement agricoles.
- **Lotissements :** étendue de terrain divisée en parcelles (lots), sur lesquelles on trouve des habitations individuelles de même architecture ou très proche.
- **Mobilités pendulaires :** déplacements quotidiens des individus entre leur lieu de domicile et leur lieu de travail.
- **Zone d'aménagement concerté :** espace sur lequel des opérations publiques d'aménagement et d'équipement sont organisées en vue de les céder ou de les concéder ultérieurement à des utilisateurs publics ou privés.
- **Conflits d'usage :** rivalité entre différents usagers pour un même espace ou une même ressource.
- **Aménagement du territoire :** politiques et interventions programmées de l'État ou des collectivités territoriales sur un territoire donné dans le but de le façonner.
- **Objectifs de développement durable :** énoncés par l'ONU, ces objectifs visent à réconcilier les progrès économiques, la cohésion sociale et la préservation de l'environnement.

DOC. 1

Le collectif « Autrement pour Saillans, tous ensemble ! », 2018

Ce collectif regroupe des habitants de Saillans, dans la Drôme. Il s'est constitué autour d'un projet d'aménagement dans leur commune. Après leur élection aux municipales, ce collectif a instauré une mairie collégiale et participative.

DOC. 2

La périphérie de Troyes (Aube)

DOC. 3

À la une !

Lecture active du cours

1 Relevez deux éléments qui distinguent les espaces périurbains du monde urbain et du monde rural.

....

....

2 Pour quelles raisons les conflits d'usage sont-ils nombreux dans les espaces périurbains ?

....

....

3 Identifiez un espace périurbain dans votre région ou proche de votre lieu d'habitation.

....

....

4 Mettez chacun de ces trois documents en relation avec l'un des paragraphes du cours.

DOC. 1 : ....

DOC. 2 : ....

DOC. 3 : ....

SYNTHÈSE

5 Construisez une phrase avec les deux idées principales du cours.

....

....

....

....

....

ON EN PARLE AUTREMENT...

UNE BD
Manu Larcenet,
Le Retour à la terre,
Dargaud, 2002.

J'EXPÉRIMENTE

Écoutez le cours associé.
liennathan.fr/p4i76q

5 Savenay, un espace périurbain près de Nantes

La **périurbanisation** est le processus d'extension des espaces urbains en périphérie des agglomérations. Les espaces périurbains sont des espaces particuliers aux limites des espaces urbains et ruraux. Le cas de **Savenay**, en Loire-Atlantique, révèle un espace périurbain assez dynamique, sous l'influence des pôles urbains voisins.

➔ **Quelles sont les caractéristiques spatiales et humaines des espaces périurbains ?**

DOC. 1

Photographie aérienne de Savenay au 1/25 000 (Géoportail IGN, 2014)

BOÎTE À OUTILS

Analyser l'espace périurbain

- Allez sur le site **geoportail** et recherchez la commune périurbaine de Savenay dans la zone de recherche.
- En bas à gauche, choisissez l'échelle 1 : 25000, puis « zoomez » (+) ou « dézoomez » (-) pour analyser précisément le paysage.

Consultez le site Internet.
liennathan.fr/1k8qz7

Analyser les caractéristiques démographiques de cet espace

- Allez sur le site **geoportail** et recherchez Savenay dans le « Comparateur de territoires ».
- Cliquez sur « Ajouter un territoire » pour comparer Savenay à Nantes ou à une autre commune de votre choix.

CAPACITÉ

▶ Analyser un paysage périurbain à partir d'une photographie pour réaliser un croquis.

?

Comprendre et analyser les documents

1 Localisez l'espace étudié puis précisez sa situation géographique en changeant d'échelle (DOC. 1).

....

....

....

2 Quels éléments font de Savenay un espace périurbain (DOC. 1) ?

....

....

3 Grâce au site de l'Insee, comparez les dynamiques démographiques de Savenay par rapport à celles de Nantes et de votre commune.

	Savenay	Nantes	.... (votre commune)
Population			
Densité de population			
Superficie			
Variation de la population due au solde migratoire			
Médiane du revenu			
Part de l'agriculture dans l'emploi			

CAPACITÉ

Analyser un paysage périurbain à partir d'une photographie pour réaliser un croquis

4 À l'aide de la photographie et en vous aidant de la légende, réalisez le croquis de la commune périurbaine de Savenay.

Savenay, une commune périurbaine de la Loire-Atlantique

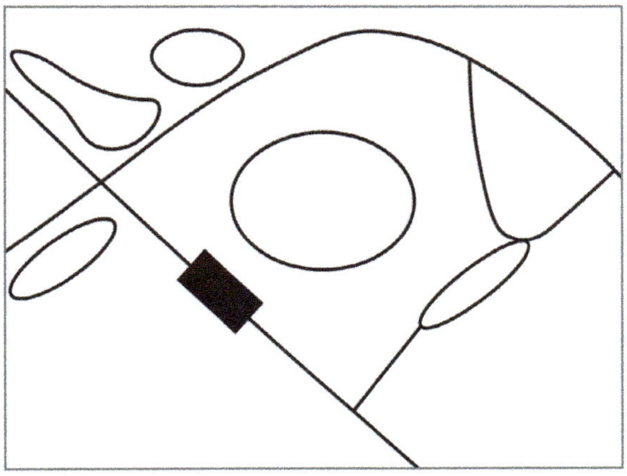

I. Un espace périurbain relié aux autres métropoles régionales

- Centre-ville de Savenay : habitats collectif et individuel
- Habitat pavillonnaire individuel
- Un réseau de transports variés et performant : routes et voies ferrées pour rejoindre Nantes
- Gare de Savenay

II. Un espace aux usages variés

- Le lac / Le golf : Des lieux récréatifs pour tous les publics (néoruraux, touristes, habitants)
- Des espaces agricoles, mais une population active agricole très minoritaire

J'EXPÉRIMENTE

Écoutez le cours associé.
liennathan.fr/7du2b3

6 L'espace périurbain : habiter, aménager, débattre

Les espaces périurbains regroupent une population variée (âge, revenu, centres d'intérêts) pour qui **habiter** ce type d'espace n'a pas toujours le même sens. Les activités et aménagements de ces espaces sont parfois l'objet de tensions entre les usagers : ce sont des **conflits d'usage**.

➔ **Pourquoi l'aménagement des espaces périurbains peut-il créer des conflits et des débats ?**

DOC. 1

Un paysage périurbain (Thaon, au nord-ouest de Caen, Normandie)

DOC. 2

Des espaces ruraux aux usages variés, sources de conflits

Le nombre croissant d'acteurs habitant ou fréquentant les espaces ruraux s'associe à une pluralité d'usages et de représentations territoriales qui sont susceptibles de créer des situations de conflits. Les campagnes périurbaines constituent l'un des exemples emblématiques de ces espaces réceptacles de tensions, en raison de leur caractère multifonctionnel. En effet, elles accueillent au moins trois types de fonctions, induisant des usages concurrents et des divergences entre acteurs locaux : une fonction économique de production (agriculture, éventuellement petite industrie), une fonction résidentielle et récréative (la campagne comme cadre de vie, qu'il s'agisse d'un habitat permanent ou temporaire) et une fonction de conservation (protection de la biodiversité, du patrimoine naturel, culturel et paysager). Les usagers de l'espace rural sont alors multiples (agriculteurs, artisans, néoruraux[1], touristes, habitants des périphéries des villes, employés, entreprises, services de l'État, etc.) et s'opposent souvent sur l'utilisation de celui-ci, ayant chacun des visions différentes, voire opposées, de son développement.

1. Citadins venus s'installer dans les espaces ruraux ou périurbains.

Alexis Gonin et Christophe Quéva, *Géographie des espaces ruraux*, éd. Armand Colin, 2018.

DOC. 3

Du conflit d'usage à la démocratie participative

Fin 2010, le maire de Saillans, François Pégon, lance un projet de supermarché sur la grand-route, à l'extérieur du bourg. Levée de boucliers d'une partie de la population qui y voit une menace pour la vie de ce village de 1 200 habitants : près de 850 signatures seront récoltées pour une pétition exigeant le retrait du projet, qui sera finalement abandonné après plusieurs mois de mobilisation. La lutte contre le Casino sera l'étincelle pour un groupe de citoyens qui, inspiré par cette victoire contre le géant de l'alimentation, va préparer son propre projet en vue du scrutin municipal de 2014. Pendant des mois, le petit groupe va plancher réunion après réunion sur une méthode qui mettrait leshabitants au cœur du projet municipal. [...] Comment expliquer la naissance d'un tel projet politique ici, dans cette vallée de Drôme ? Entre autres par l'arrivée importante de « néos », notamment à partir des années 90 ; une petite élite culturelle attirée à la fois par le calme et la proximité (l'autoroute et le TGV ne sont pas loin). [...] Ces arrivées provoquent des rencontres qui peuvent être fécondes, comme à Saillans, où des natifs et des nouveaux arrivants, des anciens et des plus jeunes se sont lancés dans la lutte contre l'implantation du supermarché.

Alexandre Billette, « Participalisme : à Saillans, dans les alambics de la démocratie », *Libération*, 22 janvier 2020.

CAPACITÉ

▶ **Identifier les acteurs et les actrices intervenant dans l'aménagement d'un territoire périurbain en confrontant des points de vue**

DOC. 4

Des usages récréatifs opposés dans les espaces ruraux ou périrurbains

Dessin de Sten, 2017.

VOCABULAIRE & NOTIONS

- **Habiter :** référence au processus de construction des individus et des sociétés par l'espace et de l'espace par l'individu.
- **Conflits d'usage :** rivalité entre différents usagers pour un même espace ou une même ressource.

?

Comprendre et analyser les documents

1. Décrivez les caractéristiques paysagères et humaines des espaces périurbains (DOCS 1 et 2).

....

....

2. Quels sont les deux usages et les deux types d'acteurs en opposition à Saillans (DOC. 3) ?

....

....

....

3. Pourquoi les usages variés des espaces périurbains peuvent-ils être source de conflits (DOCS 2 et 4) ?

....

....

4. Comment la démocratie participative peut-elle être au cœur des aménagements des espaces périurbains (DOC. 3) ?

....

....

CAPACITÉ

Identifier les acteurs et les actrices intervenant dans l'aménagement d'un territoire périurbain en confrontant des points de vue

5. L'aménagement d'un parc éolien est prévu dans votre commune périurbaine mais certains acteurs s'y opposent. Remplissez le tableau suivant en indiquant les différents points de vue et les acteurs de ce conflit d'aménagement. Réfléchissez aux groupes d'acteurs qui pourraient être concernés.

	Contre	Pour
Acteurs :		
Acteurs :		
Acteurs :		
Acteurs :		

PROJET

Centres-villes et périphéries

➔ Assiste- t-on à la mort de certains centres-villes ?

DOC. 1
Commerces fermés dans le centre-ville de Nîmes en 2018

DOC. 2

Carré Sud dans la périphérie de Nîmes

Carré sud est un centre commercial regroupant plus de 40 boutiques, restaurants et services.
Il dispose d'un parking gratuit de 1 500 places.

PROJET

- Identifiez le dynamisme de votre centre-ville.
Réalisez une enquête auprès de vos proches pour savoir où ils font leurs courses.
- Pour vous aider, rendez-vous sur le site de France Culture et écoutez l'émission sur les centres-villes de plus en plus déserts.

Consultez le site Internet.
liennathan.fr/3qg68j

GÉO-ART

Le rapport de l'humain à la ville à travers le *street art*

➔ **Comment le *street art* utilise-t-il la ville à la fois comme support et comme objet artistique ?**

Ella & Pitr, *Quel temps fera-t-il demain ?*, Peinture sur sol, (toit du pavillon 3 du Parc Expo, Porte de Versailles, Paris), juin 2019.

Ella & Pitr (1984/1981) sont deux artistes originaires de Saint-Étienne. Ils travaillent ensemble depuis 2007. Ils sont connus internationalement : ce sont les premiers peintres à réaliser des œuvres géantes sur sol qu'ils nomment « colosses ». Ils inscrivent leurs œuvres dans l'espace public : la pelouse du stade Geoffroy-Guichard à Saint-Étienne, le quartier d'affaires de La Défense près de Paris en sont quelques exemples.

CONTEXTE

➔ ***Quel temps fera-t-il demain ?*** est une œuvre colossale de 2,5 hectares. Réalisée sur le toit du pavillon 3 du Parc Expo de Paris, elle est coupée par le boulevard périphérique. Visible du ciel, ce triptyque est une fresque éphémère car elle est vouée à disparaître avec la destruction du bâtiment prévue en 2022.

CAPACITÉ

▶ Confronter le savoir acquis en géographie avec ce qui est entendu, vu, lu et vécu

Analyser l'œuvre d'art

ÉTAPE 1 PRÉSENTER L'ŒUVRE D'ART

1 Quelle est la nature et le titre de cette œuvre d'art ?

....

2 Quel est son lieu de création ?

....

3 Qui en sont les artistes ?

....

4 Pourquoi est-ce une œuvre de *street art* ?

....

ÉTAPE 2 OBSERVER ET DÉCRIRE

5 Décrivez le personnage représenté sur l'œuvre (apparence, attitude, vêtements, couleurs) ?

....

6 Quels éléments et lieux de la ville sont visibles ?

....

7 Quelles sont les discontinuités urbaines présentes sur cette fresque ?

....

....

ÉTAPE 3 INTERPRÉTER

8 Justifiez cette citation d'un critique d'art : « Cette grand-mère cabossée par le temps ramène un peu d'humain dans cette zone énergivore. »

....

9 Expliquez pourquoi cette œuvre est à la fois monumentale et invisible.

....

....

....

ÉTAPE 4 RENDRE COMPTE À L'ORAL

10 Par groupes de deux, jouez les rôles d'un critique d'art et d'un des deux artistes pour une émission radio sur « l'art en ville ». Le critique d'art va questionner l'artiste sur sa vision de la ville à travers son œuvre. Présentez cette interview à vos camarades.

JE RETIENS AUTREMENT

Les repères du Thème 1

Une **carte mentale** permet d'organiser sa pensée et ses connaissances. Elle s'organise autour d'une **idée générale** et se divise en **idées secondaires** de plus en plus précises et en **exemples**.

Complétez la carte mentale avec les notions étudiées dans ce thème. Aidez-vous des cases déjà remplies et des propositions suivantes.

▸ collectivités territoriales ▸ urbanisation ▸ centres ▸ métropoles mondiales ▸ métropoles régionales ▸ périphéries ▸ entreprises ▸ économie tertiarisée ▸ quartier des affaires ▸ mobilités

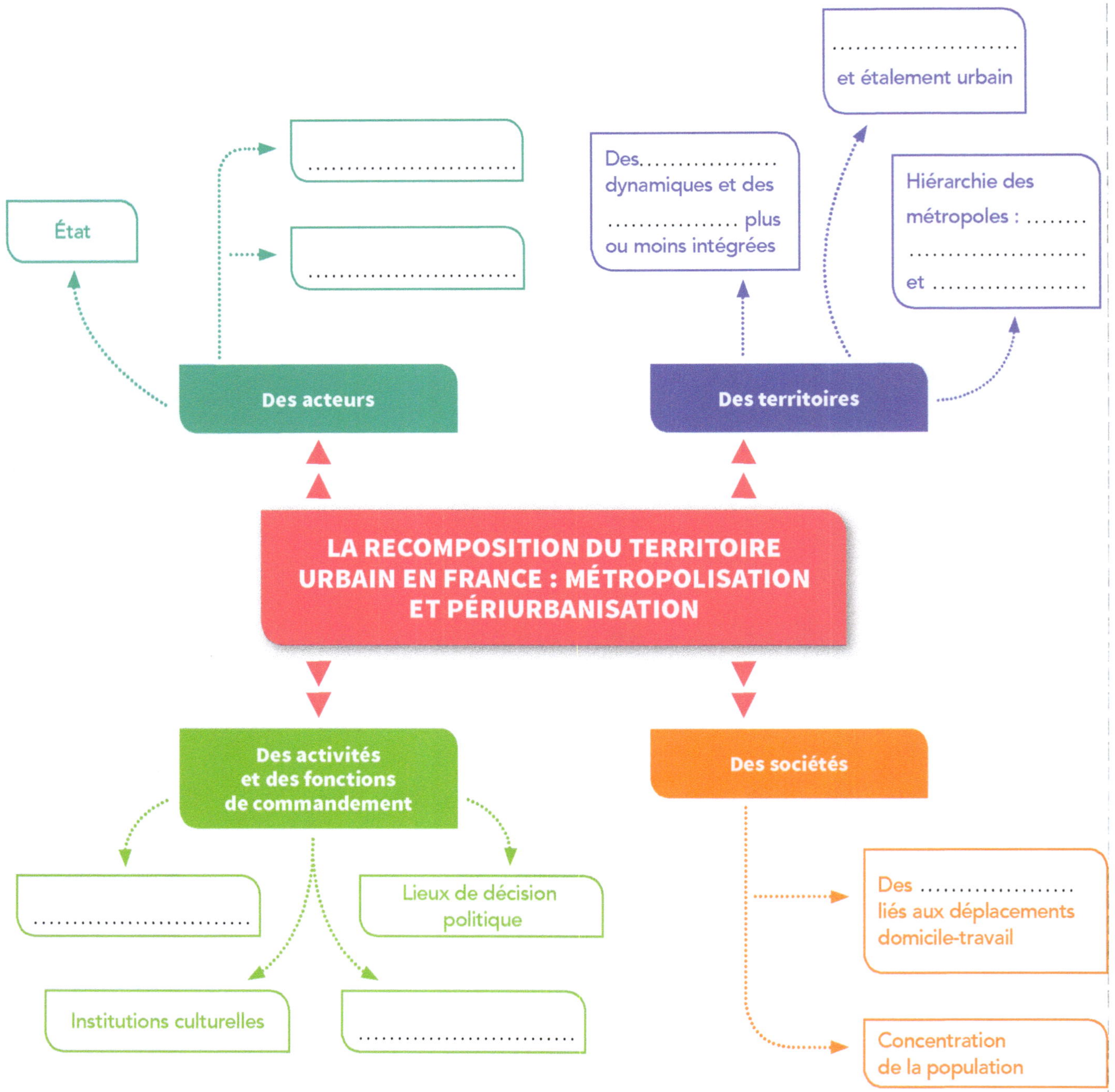

JE RETIENS AUTREMENT

Les notions du Thème 1

Une **carte mentale** permet d'organiser sa pensée et ses connaissances. Elle s'organise autour d'une **idée générale** et se divise en **idées secondaires** de plus en plus précises et en **exemples**.

Complétez la carte mentale avec les notions étudiées dans ce thème. Aidez-vous des cases déjà remplies et des propositions suivantes.

▸ mobilités pendulaires ▸ espaces verts ▸ aire urbaine ▸ logement ▸ urbanisation
▸ espaces périurbains dynamiques ▸ espaces périurbains en difficulté ▸ dépendance ▸ automobile

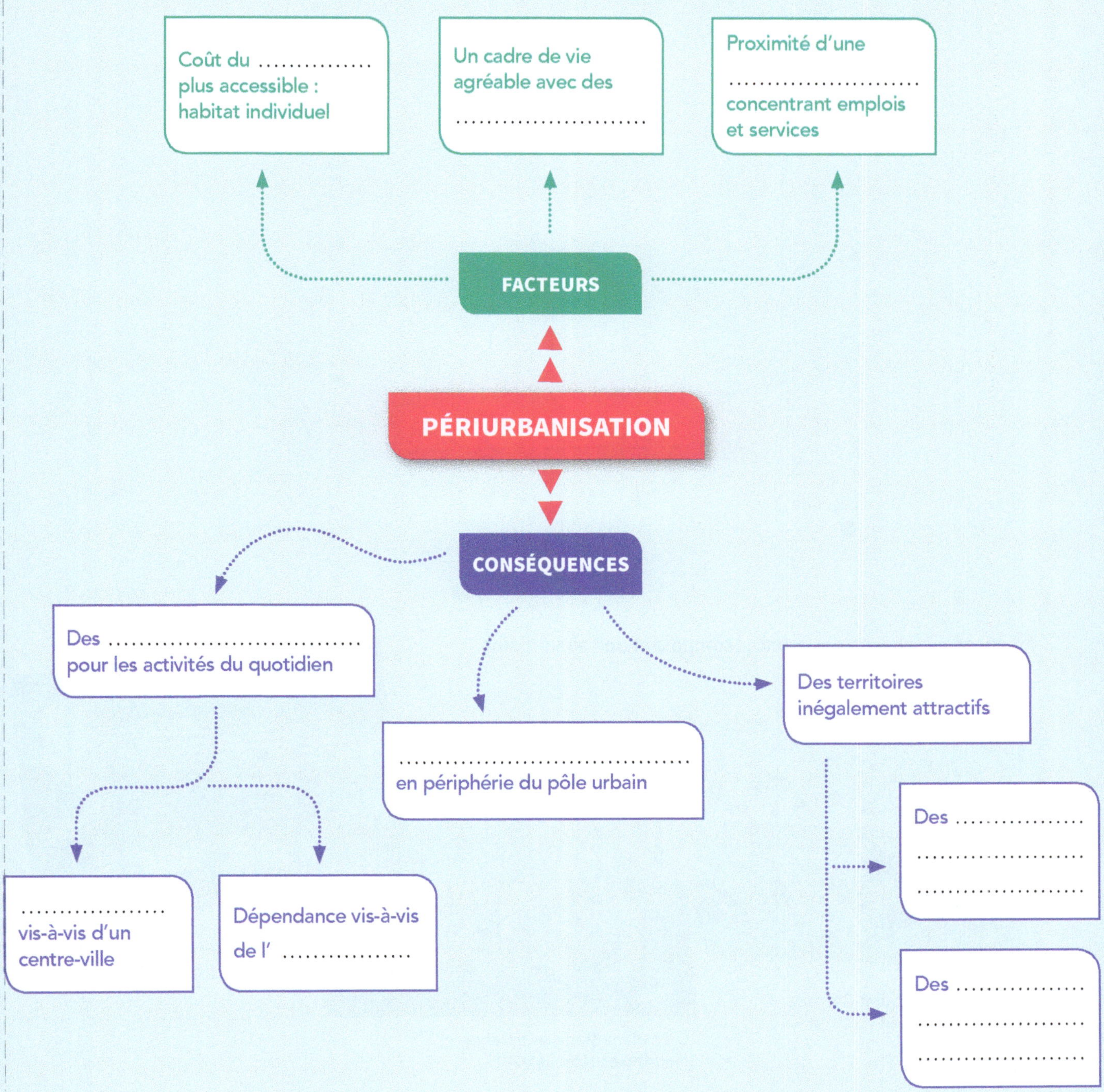

VERS LE BAC

Le jour de l'épreuve, vous êtes évalué(e) sur la connaissance des repères spatiaux du programme. Cette partie peut comporter un ou des documents à compléter (croquis, schémas, définitions ou tableaux). Vous serez également amené(e) à répondre à des questions sur un ou deux documents.

PREMIÈRE PARTIE

1 Nommez les principales aires urbaines françaises visibles sur la carte et complétez la légende.

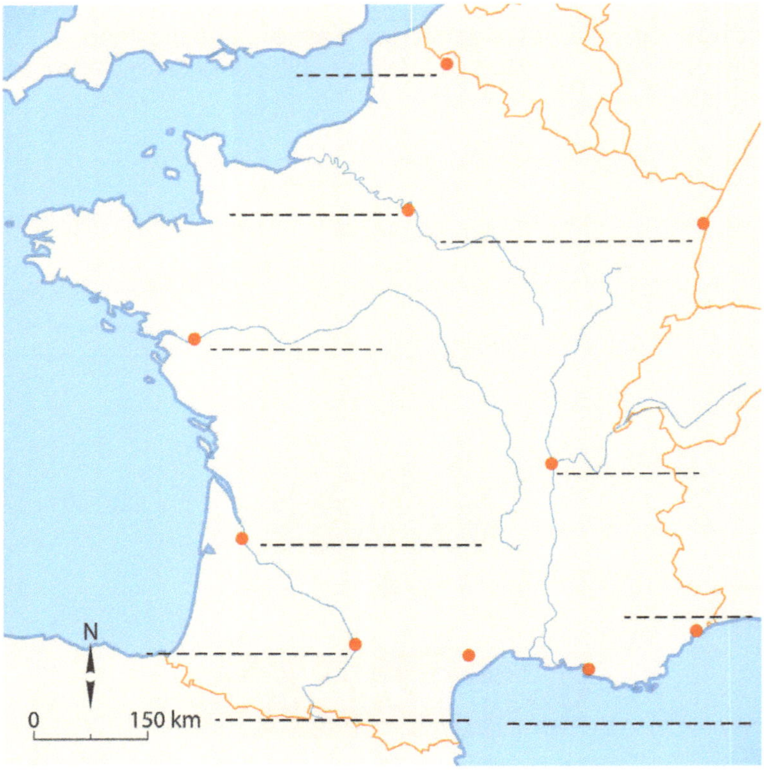

Légende

● ....

2 Identifiez chacun des espaces composant une aire urbaine.

1. Commune de Saint-Grégoire (Ile-et-Vilaine), 2014

....

2. La place Stanislas à Nancy (Meurthe-et-Moselle), 2017

....

3. Quartier Le Mirail-la Reynerie, Toulouse, 2015

....

SECONDE PARTIE

DOC. 1
Qu'est-ce que le périurbain ?

« Considéré en lui-même, le périurbain est loin d'être dépourvu d'atouts. [...] En se déplaçant quotidiennement, les habitants ont pu s'installer dans un village tout en continuant à travailler dans la ville ou trouver un emploi dans la ville tout en demeurant dans leur village. [...] Dans près de neuf cas sur dix, les communes périurbaines ont moins de 2 000 habitants. Les extensions urbaines y demeurent souvent réduites. Ainsi, plus de 80 % des terres périurbaines restent occupées par l'agriculture et les espaces naturels. En réalité, la périurbanisation doit être appréhendée à deux échelles. À une échelle large, elle apparaît comme l'extension de la zone d'influence des grandes villes. On peut alors parler d'étalement. Quand on analyse le processus de périurbanisation à une échelle plus fine, le terme « étalement » apparaît impropre. Le périurbain est un espace émietté, constitué de noyaux d'urbanisation éparpillés dans des territoires où vu d'en haut, la couleur dominante est celle des champs, des parcs et des espaces naturels. »

Éric Charmes, « Des villes qui s'étalent en s'émiettant », *Citego (Cités, Territoires, Gouvernance)*, octobre 2015.

DOC. 2
Un lotissement périurbain (Saint-Pierre-du-Perray, Essonne)

Répondre aux questions sur les documents

1. Présentez le document 1 (nature, auteur, date).

2. Citez le passage du document 1 montrant la dépendance des espaces périurbains à la ville.

3. Quelles sont les caractéristiques paysagères des espaces périurbains (DOCS 1 et 2) ?

4. Expliquez la phrase suivante : « La périurbanisation doit être appréhendée à deux échelles. » (DOC. 1, l. 12-13).

5. Quelles sont les motivations pour habiter les espaces périurbains et les conséquences sur les mobilités des habitants (DOCS 1 et 2) ?

Thème 2

L'AFRIQUE, UN CONTINENT EN RECOMPOSITION

L'Afrique est désignée comme un ensemble, donnant l'impression d'un continent qui se développe d'un seul bloc. Mais l'Afrique est riche par l'abondance de ses **ressources naturelles**, la variété de ses climats, la culture de ses peuples et par la diversité de ses territoires. L'exode rural et la littoralisation des hommes et des activités engendrent des bouleversements profonds de ces territoires.

➔ **Quelles sont les dynamiques contribuant aux recompositions territoriales africaines ?**

Du plus lointain…

DOC. 1

Broad Street à Lagos au Nigeria dans les années 1950

À L'ORAL

1. Décrivez les deux documents.
2. Quels points communs et différences identifiez-vous entre ces deux documents ?

Les ressources du thème

Capacités travaillées

Regardez la vidéo du thème.
liennathan.fr/av1p00

... au plus proche

DOC. 2

Rue de Lagos au Nigeria aujourd'hui

Ça me concerne

4 **Pourquoi, selon vous, ces documents ont été choisis pour illustrer ce thème ?**

5 **Que pensez-vous savoir sur le thème que vous allez étudier ?**

Les principaux États africains disposant de ressources énergétiques et minières (ici le Nigeria)

Une infrastructure stratégique pour améliorer la connexion entre le Nord et le Sud de l'Afrique par la route : le pont suspendu de Maputo au Mozambique

Regardez le **portfolio** des repères du thème pour pour mieux les **retenir**. liennathan.fr/h5vf82

La ligne à grande vitesse Abuja-Kaduna au Nigeria : un exemple d'aménagements d'infrastructures de transports réalisés avec des financements chinois

La « Chinafrique » : les investissements chinois en Afrique

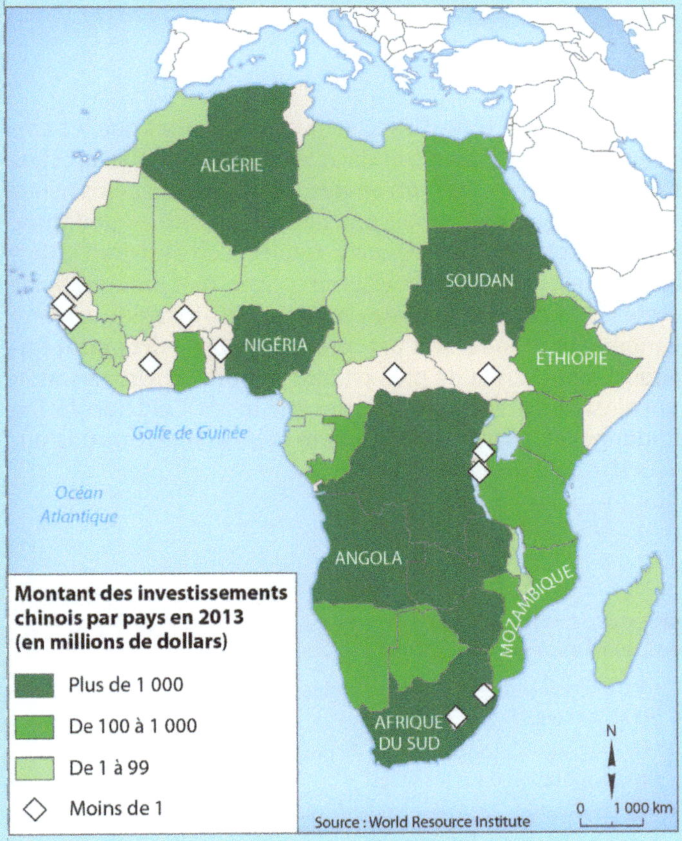

Trois ports stratégiques africains sur les « nouvelles routes de la soie »

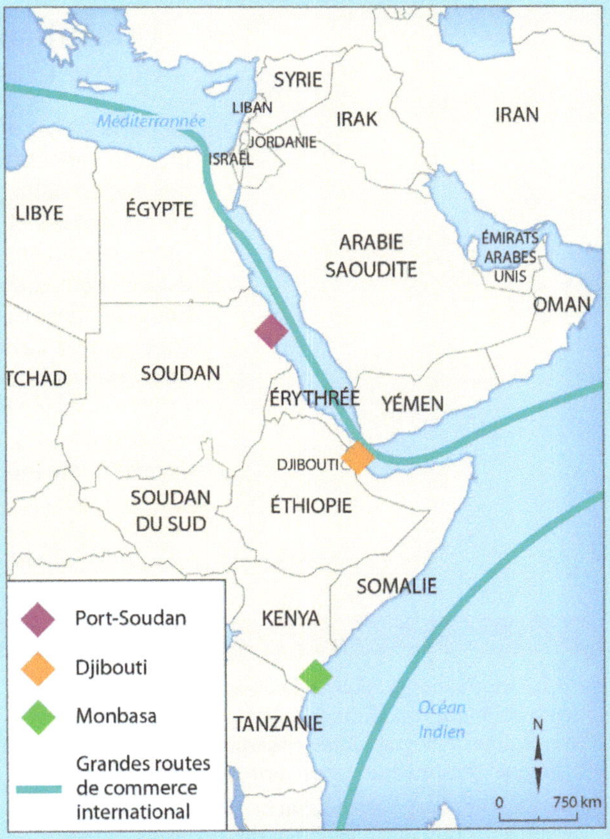

COURS 1

LES DÉFIS DÉMOGRAPHIQUES SUR LE CONTINENT AFRICAIN

POUR MÉMORISER

Écouter votre cours plusieurs fois vous permettra de mieux le retenir.

L'audio du cours. liennathan.fr/x9a1r5

Une démographie « galopante »

L'Afrique connaît un fort accroissement de sa population. Le continent n'a pas achevé sa **transition démographique** : la mortalité infantile a diminué, l'espérance de vie s'est allongée, mais la natalité est encore forte. L'accroissement démographique est donc important : l'Afrique est passée de 690 millions d'habitants en 1990 à 1,3 milliard aujourd'hui. La plupart des régions africaines connaissent une augmentation de leurs populations. Cependant, toutes ne sont pas aussi densément peuplées et de nombreux espaces demeurent inoccupés. Cette forte croissance démographique est actuellement un défi majeur pour le **développement** africain, mais aussi un atout.

→ J'EXPÉRIMENTE 1 - P.112

Des flux migratoires croissants

La mondialisation engendre des **mobilités** transcontinentales et internationales. On distingue aujourd'hui **trois types de migrations** sur le continent africain :

- les migrations **internes** aux pays, résultat de l'**exode rural** ou de problèmes humanitaires.
- les migrations **entre pays africains**, dues à des motifs économiques ou à des conflits. La majorité des migrants africains changent de pays sans sortir du continent.
- les migrations **internationales** plus larges. Pour les mêmes raisons que les mobilités à l'intérieur du continent, les Africains quittent l'Afrique au profit de l'Europe et de l'Amérique du Nord et, dans une moindre mesure, de l'Asie.

Une urbanisation et une littoralisation intensives

La **population africaine** est en quête de travail et ce sont dans les villes que les emplois se concentrent. Elle migre donc en masse soit dans les centres urbains proches des anciens villages traditionnels, soit dans les **métropoles**, capitales de régions riches en ressources et en activités. L'Afrique ne connaît pas une **urbanisation** uniforme. Les fortes densités s'observent surtout dans les régions littorales. Cette **littoralisation** est une conséquence de la mondialisation. Les activités se concentrent près des ports pour des raisons de **logistique**. Les plus importantes métropoles africaines, comme Lagos ou Le Caire, sont connectées à un littoral proche et actif. Les **ports stratégiques**, comme celui de Djibouti, ont un rôle de plus en plus important. Urbanisation et littoralisation contribuent ainsi à une recomposition des territoires. Cela transforme peu à peu les logiques traditionnelles, tournées vers la terre et la ruralité, vers une ouverture sur le monde et la société de consommation.

→ J'EXPÉRIMENTE 2 ET 3 - P.114 et 116

VOCABULAIRE & NOTIONS

- **Transition démographique :** passage d'un régime démographique traditionnel (mortalité et natalité élevées) à un régime démographique moderne (mortalité et natalité faibles) à l'origine d'une augmentation forte de la population.
- **Développement :** capacité d'un État à satisfaire les besoins essentiels de la population (se nourrir, se soigner, se loger, éduquer, travailler).
- **Mobilité :** déplacement de population.
- **Exode rural :** migration massive des habitants des campagnes vers les villes.
- **Urbanisation :** concentration de plus en plus forte de la population dans les villes.
- **Littoralisation :** concentration de plus en plus forte des activités et des hommes sur les littoraux.
- **Logistique :** activité qui a pour finalité la gestion des flux de toutes sortes.

DOC. 1
L'Union africaine

L'Union africaine est une organisation d'États africains créée en 2002 en remplacement de l'Organisation de l'unité africaine. Elle a pour but de promouvoir la démocratie, les droits humains et le développement en Afrique en encourageant les investissements extérieurs sur le continent.

DOC. 2
La population africaine en 2100 par rapport à celles des autres continents

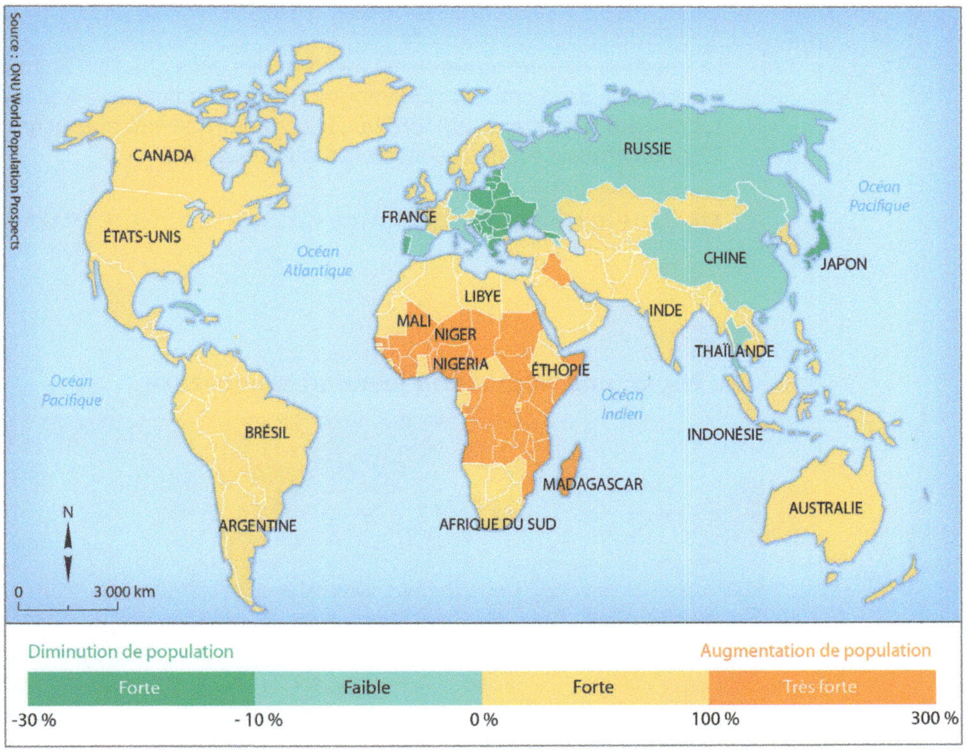

DOC. 3
À la une !

?

Lecture active du cours

1. Pour quelles raisons peut-on dire que l'Afrique est confrontée à un défi démographique ?

....

....

....

2. Relevez les raisons qui peuvent expliquer les flux migratoires africains.

....

....

....

3. Quels phénomènes entraînent la recomposition des territoires africains ?

....

....

....

SYNTHÈSE

4. Construisez une phrase avec les trois idées principales du cours.

....

....

....

....

ON EN PARLE AUTREMENT...

UN ROMAN
Chimamanda Ngozi Adichie, *Americanah*, éd. Gallimard, 2015.

J'EXPÉRIMENTE

Écoutez le cours associé.
liennathan.fr/3lrz64

1 Le défi démographique

La question **démographique** est au cœur des défis africains actuels. D'ici à 2050, plus de la moitié de la croissance démographique mondiale aura lieu en Afrique. Comptant 1,3 milliard d'habitants aujourd'hui, le continent devrait approcher les 2,5 milliards en 2050. Un Africain sur deux aura alors moins de 25 ans.

➔ Quels défis la croissance démographique pose-t-elle ?

DOC. 1

Au Niger, une population jeune et nombreuse

Le Niger, pays d'Afrique de l'Ouest, a actuellement le taux de fécondité le plus élevé du monde (7,2 enfants/femme)

VOCABULAIRE & NOTIONS

• **Démographie :** étude de la population et de tout ce qui s'y rapporte.

DOC. 2

Évolution de la population par région du monde entre 2010 et 2015

CAPACITÉ

▶ Confronter des points de vue sur la croissance démographique africaine

DOC. 3

Une expansion démographique sans précédent dans l'histoire de la population mondiale

L'Afrique intertropicale connaît une expansion démographique sans précédent dans l'histoire de la population mondiale. Ce phénomène est dû au déséquilibre entre une fécondité qui ne baisse que très lentement et une espérance de vie qui progresse rapidement. La pression des principales religions, le progrès insuffisant de la scolarisation, l'abstention des gouvernants à s'emparer vigoureusement de ce problème permettent de l'expliquer. Les conséquences en sont potentiellement redoutables. Il sera de plus en plus difficile pour de nombreux pays de nourrir leur population. Un fort exode rural contribuera à créer de nombreuses agglomérations de plusieurs millions d'habitants, sources potentielles de désordres. L'émigration de l'intérieur de l'Afrique vers les pays côtiers se renforcera inexorablement. Et lorsqu'en 2050, l'Afrique intertropicale, aujourd'hui à peu près aussi peuplée que l'Europe, comptera 2,5 fois plus d'habitants, des phénomènes migratoires massifs seront probables.

François Cailleteau, « Le défi démographique africain », dans *Revue internationale et stratégique*, n°99, IRIS Éditions - Armand Colin, automne 2015.

Comprendre et analyser les documents

1. Justifiez le titre du document 1 en utilisant des éléments de la photographie.

2. Mettez en relation la photographie (DOC. 1) et la carte (DOC. 2).

3. Montrez que l'Afrique a connu la plus forte croissance démographique du monde entre 2010 et 2015 (DOCS 2 et 3).

4. Quelles pourraient être les conséquences d'un accroissement incontrôlé de la population africaine d'ici à 2050 (DOC. 3) ?

CAPACITÉ

Confronter des points de vue sur la croissance démographique africaine

5. La croissance démographique est-elle forcément négative ? Trouvez les aspects positifs de la croissance démographique africaine. Vous pouvez consulter le site du Programme des Nations unies pour le Développement de l'Afrique pour vous aider.

Consultez le site Internet. liennathan.fr/s2a52l

J'EXPÉRIMENTE

Écoutez le cours associé.
liennathan.fr/mv149b

2 L'urbanisation du continent africain

Les villes africaines connaissent depuis 1950 une croissance ininterrompue de leur population. Celle-ci résulte de la croissance naturelle et de l'**exode rural**. Le taux d'**urbanisation** africain s'élève à 40 % mais l'Afrique rattrape peu à peu son retard sur les autres continents. Cette urbanisation est majoritairement littorale.

➜ Quelles sont les caractéristiques de l'urbanisation du continent africain ?

DOC. 1
Les plus grandes métropoles africaines

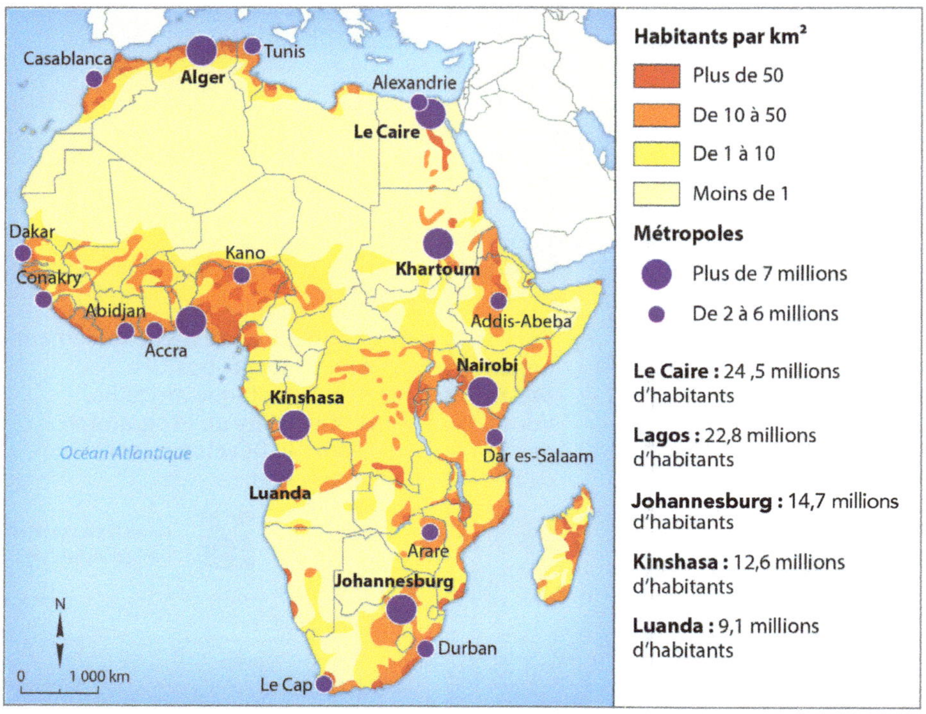

DOC. 2
La croissance urbaine à l'échelle mondiale (2000-2019)

CAPACITÉ

▶ Caractériser l'urbanisation du continent africain

DOC. 3

L'extension spatiale de Lagos

Les Lagosiens doivent faire preuve d'ingéniosité pour trouver de l'espace. Les plus riches construisent des digues, assèchent les marécages ou ensablent l'océan pour construire le « Dubaï de l'Afrique ». Les plus pauvres se construisent des parcelles de terre sur la lagune avec des tonnes de déchets mélangés à du sable.

DOC. 4

Lagos, une des plus grandes villes d'Afrique et du monde

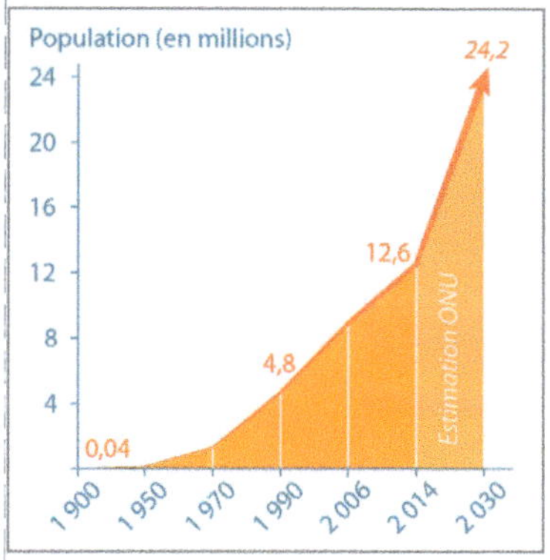

Deuxième ville d'Afrique, Lagos est devenue la dixième plus grande ville du monde avec une population estimée entre 17 et 22 millions d'habitants. Chaque année, c'est l'équivalent de deux fois la métropole de Toulouse (500 000 habitants) qui arrive à Lagos.

VOCABULAIRE & NOTIONS

- **Exode rural :** départ des populations des campagnes pour s'installer dans les villes.
- **Urbanisation :** extension du mode de vie urbain due à une concentration de plus en plus forte de la population et des activités dans les villes.

?

Comprendre et analyser les documents

1. Surlignez sur le document 1 les métropoles africaines de plus de dix millions d'habitants.

2. Que révèle le document 2 de la croissance de la population urbaine africaine par rapport à celle des autres continents ?

....

....

....

....

3. Pourquoi Lagos (DOCS 3 et 4) est-elle un bon exemple de croissance urbaine en Afrique ?

....

....

....

CAPACITÉ

Caractériser l'urbanisation du continent africain

4. Décrivez l'urbanisation africaine à l'aide des cartes. Émettez des hypothèses sur les défis que pose cette urbanisation. Vous pouvez trouver des informations complémentaires sur le site Africapolis.org.

Consultez le site.
liennathan.fr/d99f7l

J'EXPÉRIMENTE

Écoutez le cours associé.
liennathan.fr/13jg6g

Trois ports stratégiques en Afrique

3

La modernisation et la croissance des ports témoignent du développement du continent africain. Trois ports revêtent un caractère stratégique par leur situation sur l'axe maritime des « nouvelles routes de la soie chinoises » : Mombasa sur l'océan Indien, Djibouti et Port-Soudan donnant sur la mer Rouge, entre océan Indien et Méditerranée.

➔ **Comment les ports de la Corne de l'Afrique permettent-ils une intégration à la mondialisation ?**

DOC. 1

Le port de Mombasa, 1er port du Kenya

Le port de Mombasa, principale interface entre l'Asie et l'Afrique centrale, est arrivé à saturation. Un second port a été construit à Lamu, avec des capitaux chinois, pour désengorger celui de Mombasa.

DOC. 2

Djibouti et Port-Soudan, « perles » du collier chinois

Xi Jinping[1] a annoncé au sommet Asie-Afrique d'Astana les projets de routes maritimes qui, partant des trois corridors [des nouvelles routes de la soie], traversent l'océan Indien et aboutissent à l'Europe. Plusieurs ports situés le long de ces routes font partie du collier de perles que la Chine a commencé à réaliser [...] La stratégie dite du « collier de perles » est l'expression forgée en 2004 pour rendre compte des initiatives de la marine chinoise qui a édifié un réseau de ports militaires et d'appuis logistiques autour du sous-continent indien et au-delà. Parmi ces ports, il y a ceux de Doraleh et d'Obock à Djibouti, de Port-Soudan au Soudan. Dans ce contexte, plusieurs pays africains ont adhéré à la BRI[2] et la Chine finance plusieurs projets de transport : les voies ferrées entre Djibouti – où la marine chinoise a installé une base navale – et Addis-Abeba (Éthiopie), Mombasa et Nairobi (Kenya) – ; un port à Bagamoyo (Tanzanie) qui pourrait devenir le plus grand d'Afrique orientale. Des entreprises chinoises participent à des titres divers à la gestion d'installations portuaires africaines.

1. Xi Jinping est l'actuel président de la République populaire de Chine.
2. Belt and Road Initiative. Ensemble de liaisons maritimes et de voies ferroviaires entre la Chine et l'Europe mises en place par la Chine.

Michel Fouquin, Jean-Raphaël Chaponnière, *Les « nouvelles routes de la soie » : essai d'évaluation*, CEPII, 2019.

CAPACITÉ

▶ Questionner des documents pour conduire une analyse géographique

DOC. 3

Des ports africains sur la route du commerce international

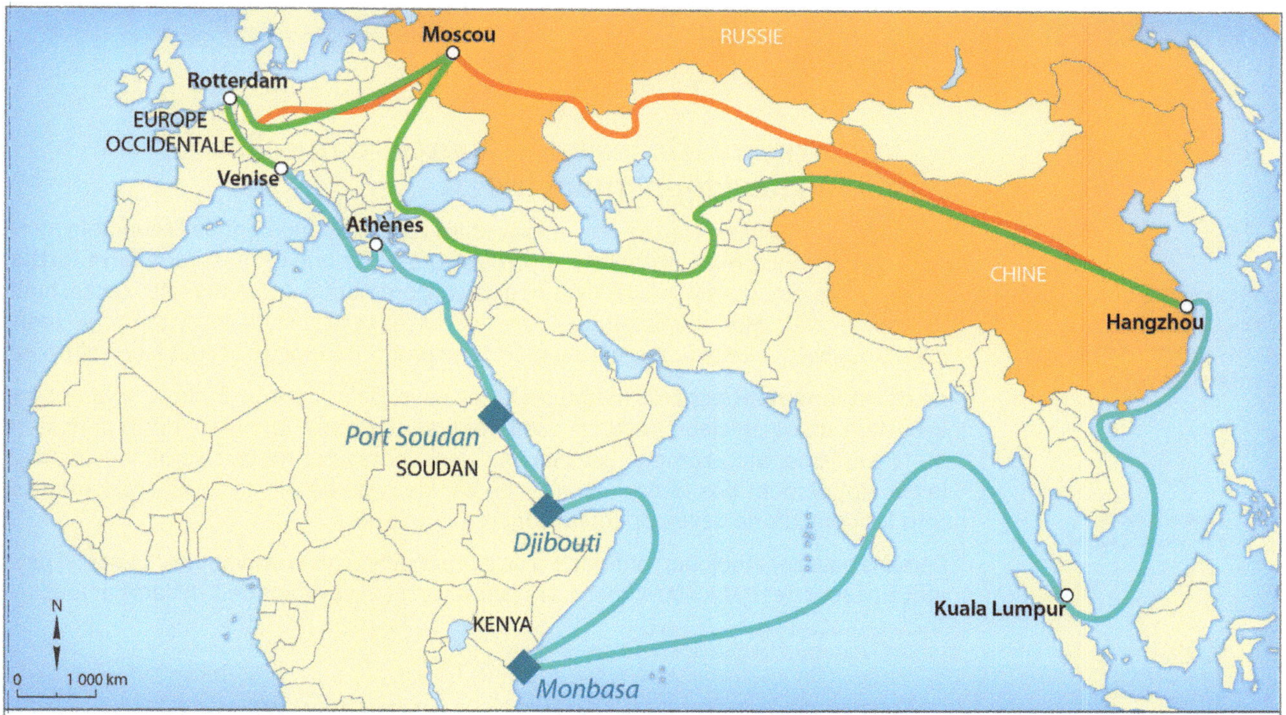

Nouvelles routes de la soie

- Route ferroviaire
- Route terrestre
- Route maritime
- Trois ports africains sur les routes de la soie

Écoutez l'audio sur les nouvelles routes de la soie.
liennathan.fr/9t9y2k

Comprendre et analyser les documents

1. Que désigne l'expression « collier de perles » de la Chine (DOCS 2 et 3) ?

....

....

....

2. Quelles infrastructures sont visibles sur la photographie du port de Mombasa (DOC. 1) ?

....

....

....

3. Quel rôle joue la Chine dans le développement des infrastructures des ports africains (DOCS 1, 2 et 3) ?

....

....

....

?

CAPACITÉ

Questionner des documents pour conduire une analyse géographique

4. Montrez que les ports de la Corne de l'Afrique sont stratégiques pour le continent.

....

....

....

....

....

....

....

....

....

....

....

....

COURS 2

ATOUTS ET FAIBLESSES DU CONTINENT AFRICAIN

POUR MÉMORISER

Écouter votre cours plusieurs fois vous permettra de mieux le retenir.

L'audio du cours. liennathan.fr/4y8iu4

Des territoires riches en ressources naturelles mais au développement inégal

Le sous-sol africain regorge de **ressources** utiles au fonctionnement de l'économie mondialisée : minerais, métaux précieux, hydrocarbures. L'Afrique est aussi une **terre fertile**. Des produits exotiques y sont cultivés pour la consommation internationale : cacao, huile de palme, café… Mais l'exploitation de ces ressources se fait la plupart du temps au profit d'**EMN** étrangères. Cette économie d'**exportation** profite donc peu à la population africaine.

Le développement est très inégal selon les pays. De nombreux États se sont spécialisés dans un ou plusieurs secteurs économiques : l'exportation de matières premières ou le tourisme, par exemple. Les bénéfices engendrés permettent l'aménagement et le développement des territoires. Mais en cas de crise de ces secteurs économiques, tous les objectifs de développement sont remis en cause.

Certains pays sont toujours confrontés à de lourdes difficultés économiques. 34 des 54 pays africains sont des **PMA**. 400 millions d'Africains vivent avec moins de 2 dollars par jour.

→ J'EXPÉRIMENTE 4 - P. 120

Des économies qui tentent de se diversifier

Depuis les années 2000, l'accent est mis sur la **diversification** de l'économie, notamment dans le **secteur des services**. En cas de difficultés d'un secteur d'activité, on peut alors faire reposer les efforts de développement sur les autres secteurs. Ce changement de stratégie répond à la volonté de trouver des solutions pour sortir de la pauvreté.

En effet, de nombreux pays africains connaissent aujourd'hui une forte croissance économique et une amélioration de leur **IDH**. Une classe moyenne émerge, surtout en Afrique du Nord et en Afrique du Sud. Cela témoigne des transformations actuelles de l'Afrique.

Des difficultés de formation et de gouvernance

La **population**, jeune et dynamique, est sous-employée. En effet, l'économie est encore peu diversifiée et n'offre pas assez de travail. Les entreprises africaines prennent peu part à l'exploitation des ressources minières. Enfin, le système de formation n'est pas assez développé et adapté aux besoins de ce secteur.

La plupart des États africains souffrent d'**instabilité politique chronique** et d'un déficit de démocratie. Cela freine la mise en place de politiques sur le long terme et entraîne des problèmes de **gouvernance** dégénérant parfois en guerre civile.

Enfin, des problèmes humanitaires subsistent, liés à des conflits militaires, à des difficultés économiques et à des dérèglements environnementaux. La famine, encore présente dans certaines régions (Afrique subsaharienne, Corne de l'Afrique), en est la principale manifestation.

→ J'EXPÉRIMENTE 5 - P. 122

VOCABULAIRE & NOTIONS

- **Ressource :** richesse exploitable disponible sur un territoire.
- **EMN :** entreprise ayant son siège social dans un pays mais qui possède des filiales à l'étranger.
- **Exportation :** produits de tous types vendus à l'étranger.
- **PMA :** groupe formé par les pays les moins avancés qui sont en situation de grande pauvreté et de faible développement.
- **Diversification :** ouverture de l'économie à de nouveaux secteurs jusque là délaissés.
- **IDH :** indice de développement humain qui mesure le niveau de développement d'une population sur un territoire.
- **Gouvernance :** manière de gouverner, d'exercer le pouvoir.

DOC. 1
Vera Songwe

Vera Songwe est une économiste camerounaise. En 2013, le magazine *Forbes* la classe parmi les « 20 jeunes femmes les plus puissantes d'Afrique ». Elle milite pour la diversification économique de l'Afrique afin de garantir une croissance et un développement durables.

DOC. 2
L'Afrique, un continent riche en ressources mais marqué par les inégalités

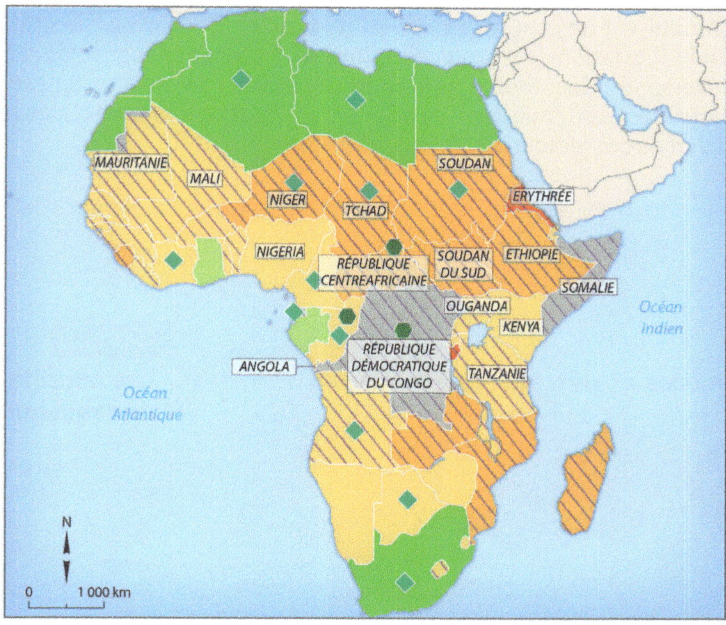

DOC. 3
À la une !

ON EN PARLE AUTREMENT...

UN FILM
Kim Nguyen, *Rebelle*, 2012.

Lecture active du cours

1. Relevez les signes encourageants pour l'avenir de l'Afrique.

....

....

....

2. Citez au moins deux difficultés encore présentes en Afrique.

....

....

....

3. Mettez en relation la carte avec un passage du cours.

....

....

....

SYNTHÈSE

4. Construisez une phrase avec les trois idées principales du cours.

....

....

....

....

....

....

J'EXPÉRIMENTE

Écoutez le cours associé.
liennathan.fr/c44dy8

4 Développement et ressources

L'Afrique est un continent riche en **ressources**. Son économie s'est largement construite sur l'exportation de ressources naturelles, notamment agricoles et minières, vers les pays développés. Néanmoins, de nombreux pays du continent restent confrontés à de grandes difficultés économiques. Les populations profitent rarement des revenus liés à l'exploitation de ces ressources.

➔ **Pourquoi l'exploitation des ressources reste-t-elle un défi à relever ?**

DOC. 1 Les ressources minières et pétrolières en Afrique

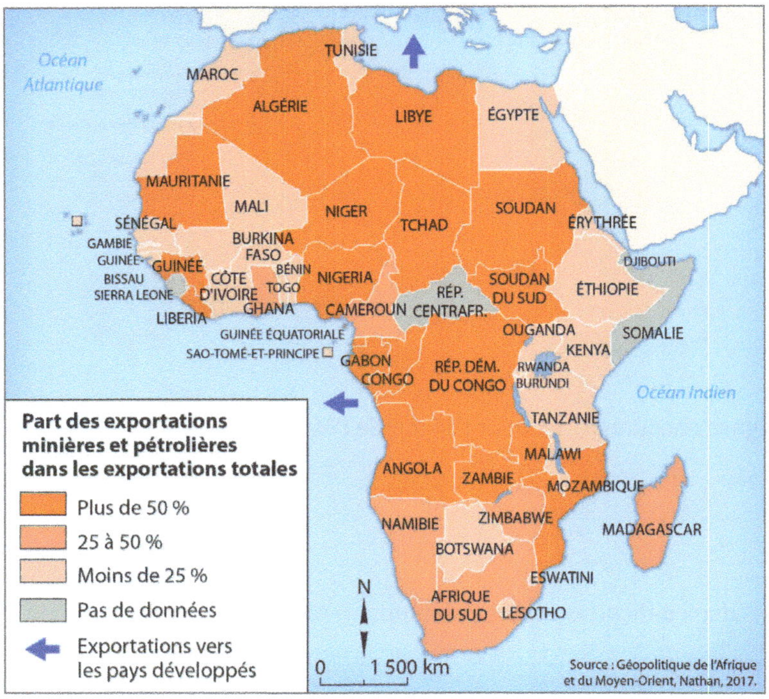

Source : Géopolitique de l'Afrique et du Moyen-Orient, Nathan, 2017.

DOC. 2 Les conflits liés à l'exploitation des ressources

D'après G. Magrim, 2013.

Écoutez l'audio sur le pétrole du Nigeria.
liennathan.fr/6jbd71

DOC. 3 Une agriculture kenyane à deux vitesses

L'agriculture kenyane reflète nombre de situations africaines : base de l'économie nationale, elle emploie près de 75 % de la population active en 2019, contribue à près de 30 % du PIB et représente plus de la moitié des exportations du pays en valeur. Cependant, l'agriculture vivrière n'a pas le même dynamisme que les filières exportatrices et le Kenya peine à couvrir les besoins alimentaires de sa population, dont la croissance reste supérieure à 2,5 % par an. [...] Stimulée par la demande européenne, par la libéralisation de l'économie kenyane et par la consommation nationale, la production horticole (légumes, fruits, fleurs, plantes aromatiques et médicinales) a crû à un rythme de 15 à 20 % par an au cours de la décennie 2000.

L'horticulture occupe aujourd'hui 600 000 hectares (12 % des terres cultivées) et fournit 8 millions d'emplois directs et indirects. [...] Le Kenya fournit [par exemple] un tiers des fleurs du marché européen et en tire 600 millions de dollars/an, presque autant que le tourisme (820 millions). [...] L'amélioration des revenus tirés de l'agriculture est un autre défi majeur : plus de la moitié des ruraux vivent avec moins de 1,25 dollar par jour, contre 15 % des urbains. ».

G. Magrin, A. Dubresson, O. Ninot, *Atlas de l'Afrique. Un continent émergent ?*, éd. Autrement, 2018.

CAPACITÉ

▶ Situer quelques ressources stratégiques en Afrique

Comprendre et analyser les documents

1. Citez quatre pays qui exportent un nombre important de ressources minières et pétrolières (DOC. 1).

....

....

2. Dans quelle mesure ces ressources peuvent-elles entraîner des conflits (DOC. 2) ?

....

3. Pourquoi la population ne tire-t-elle pas toujours profit de l'exportation des ressources (DOC. 3) ?

....

4. Vers quels pays sont majoritairement exportées les ressources des pays africains (DOCS 1 et 3) ?

....

CAPACITÉ

Situer quelques ressources stratégiques en Afrique

5. À l'aide de vos réponses aux questions et de la légende, complétez le schéma ci-dessous.
Écrivez ensuite le nom des lieux importants :
• au feutre fin noir : Libye, Algérie, Angola, RDC, Kenya ;
• au feutre fin bleu : océan Atlantique, océan Indien.

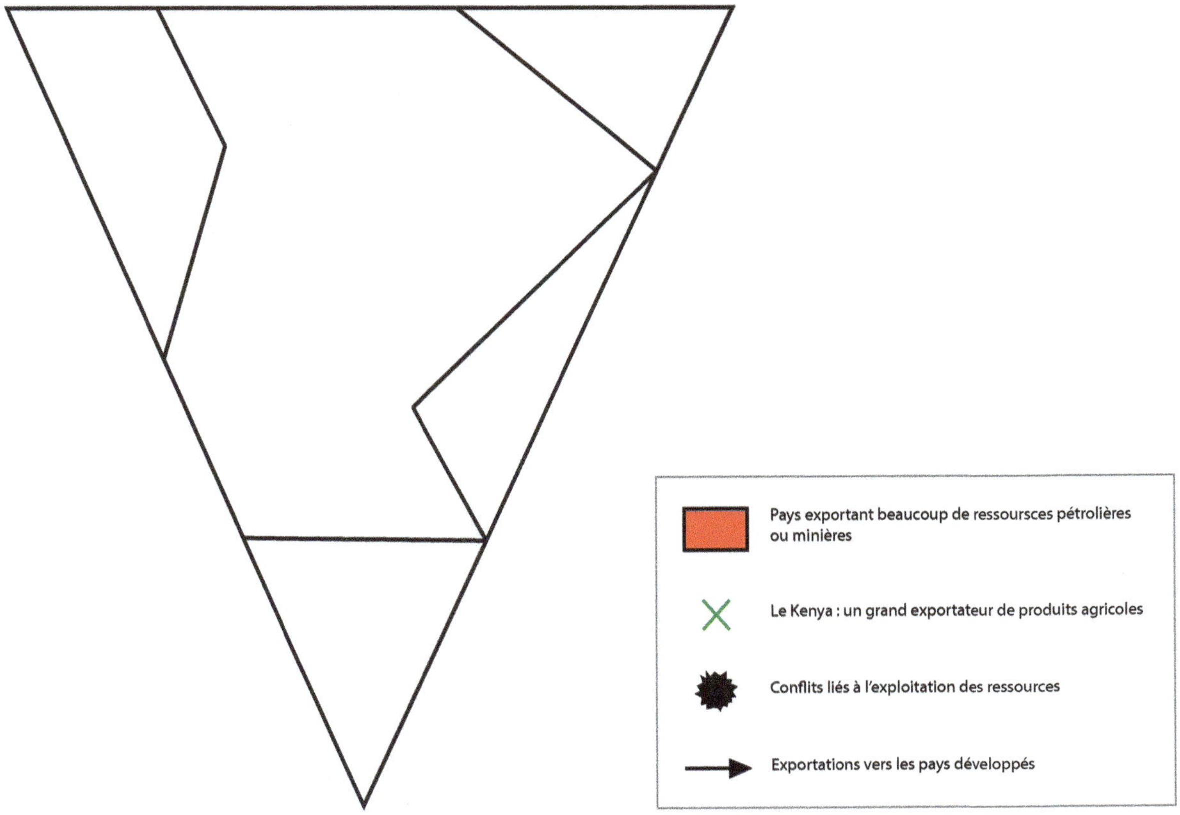

J'EXPÉRIMENTE

Écoutez le cours associé.
liennathan.fr/60oyy3

5 Démocratie et développement en Afrique

Le développement de l'Afrique est freiné par des conflits militaires et politiques. De nombreux gouvernements font le choix de l'**autoritarisme**. Pourtant, on peut penser qu'un développement équitable pour toute la population ne peut se faire que dans une meilleure **gouvernance**.

➜ **Quel rôle tient la démocratie dans le développement de l'Afrique ?**

DOC. 1
Les familles des mineurs de Marikana réclament justice pour les victimes de la répression

En 2012, les mineurs de la mine de platine de Marikana se mettent en grève pour demander de meilleurs salaires. 34 d'entre eux sont tués lors de la répression de la grève par la police.

VOCABULAIRE & NOTIONS

- **Autoritarisme :** forme de gouvernement autoritaire qui respecte peu les droits de l'homme.
- **Gouvernance :** manière de gouverner, d'exercer le pouvoir.

DOC. 2
« Développement économique et démocratie sont-ils compatibles ? »

Cette question est d'autant plus d'actualité que, cette fin de semaine, se tiendra à Marrakech l'événement phare de la fondation Mo Ibrahim, le Governance Week-End, consacré à la promotion de la bonne gouvernance en Afrique. Sont attendus dans la ville marocaine tout ce que le continent compte de capitaines d'industrie, de politiques, et d'acteurs engagés pour la transparence et la bonne gestion. Des acteurs internationaux de premier plan feront également le déplacement pour y débattre avec leurs pairs africains. [...]

De manière globale, la tendance à opposer le développement économique rapide et le processus de démocratisation est en train de devenir un débat caduc. En effet, trois facteurs majeurs sont en train de rendre totalement incontournable la nécessité d'allier démocratisation de l'Afrique avec développement rapide. En premier lieu, le poids considérable gagné par les opinions africaines grâce à la révolution des réseaux sociaux.

En second lieu, la pression démographique et l'arrivée massive de jeunes Africains sur le marché du travail lors des deux décennies à venir s'impose aux leaders africains et pose la question de leur inclusion pacifique dans le débat politique, au risque de les voir constituer une force contestataire suffisamment dense pour bouleverser les schémas anciens. Enfin, la montée en puissance partout dans le monde de la transparence financière afin de lutter contre le terrorisme fait que les biens mal acquis seront de plus en plus difficiles à acquérir et à disséminer.

Abdelmalek Alaoui, *La Tribune Afrique*, 3 Avril 2017.

CAPACITÉ

▶ Exercer son esprit critique

DOC. 3

L'Afrique du Sud, une démocratie à l'épreuve du temps ?

Vingt-cinq ans après ses toutes premières élections démocratiques et multiraciales (27 avril 1994), l'Afrique du Sud [...] est un des États du continent africain où le processus démocratique a atteint sa vitesse de croisière. Pour preuve, le pays a organisé ses sixièmes élections nationales (législatives) et provinciales le 8 mai dernier. Elles ont été déclarées libres et régulières par la Commission électorale indépendante (Independent Electoral Commission – IEC) le 11 mai, quasi sans aucune contestation des partis politiques.

Marianne Séverin, *Démocraties résilientes : l'Afrique du Sud, démocratie à l'épreuve du temps*, Institut Montaigne, 2019.

DOC. 4

La jeunesse algérienne réclame la démocratie

EN GRÈVE DE LA FAIM DEPUIS LUNDI

Mᵉ DABOUZ SAISIT LE RAPPORTEUR DE L'ONU POUR LES DROITS DE L'HOMME

LIRE L'ARTICLE DE NADIR IDDIR EN PAGE 4

El Watan

LE QUOTIDIEN INDÉPENDANT - Mercredi 10 juillet 2019

N°8760 - Vingt-huitième année - Prix : Algérie : 30 DA. France : 1 €. USA : 2,15 $. ISSN : 1111-0333 - http://www.elwatan.com

20ᵉ MARDI DE MOBILISATION

LES ÉTUDIANTS SANS CONCESSION

LIRE NOS ARTICLES EN PAGES 4 ET 5

FORUM DU DIALOGUE NATIONAL

Les premières fissures

Quelques jours après la tenue du Forum du dialogue national et l'adoption d'une plateforme définissant le cadre dans lequel devraient se dérouler les travaux, des responsables du parti islamiste FJD, que préside Abdallah Djaballah, contestent la gestion de la conférence par Abdelaziz Rahabi.

LIRE L'ARTICLE DE M. MAKEDHI EN PAGE 2

ÉCONOMIE

Le BTP et les services dans le creux de la vague

L'économie nationale est devenue un champ de ruines. Si l'industrie de montage automobile risque d'être remise en cause, l'autre segment de l'économie nationale qui subit de plein fouet les conséquences de la crise est assurément le secteur du bâtiment et des travaux publics.

LIRE L'ARTICLE DE SAID RABIA EN PAGE 7

El Watan étudiant

KHAOULA TALEB IBRAHIMI, LINGUISTE, PROFESSEURE À L'UNIVERSITÉ D'ALGER

«La langue n'est pas le seul facteur déterminant dans les performances des systèmes éducatifs»

L'INTÉRIM DU CHEF DE L'ÉTAT A EXPIRÉ HIER

DES PARTIS DÉNONCENT L'«ILLÉGITIMITÉ» DES FUTURES DÉCISIONS

Si les partis politiques de l'opposition considèrent que les futures décisions émanant du pouvoir seront illégitimes, en raison de l'expiration du délai constitutionnel de 90 jours de l'intérim du chef de l'État, le Conseil constitutionnel, lui, a déjà opté pour le maintien de Abdelkader Bensalah à la tête de l'État.

LIRE L'ARTICLE DE NADILA AMIR ET L'ENTRETIEN RÉALISÉ PAR SALIMA TLEMÇANI EN PAGE 3

PROJET DE CEVITAL À BEJAÏA

835 jours de blocage

Plus de 100 000 chômeurs attendent !

Halte au sabotage !

Comme tous les mardis depuis février 2019, les étudiants ont manifesté à Alger pour demander le départ du pouvoir en place et la démocratie.

?

Comprendre et analyser les documents

1. Quels droits démocratiques sont mis à l'épreuve par les événements de Marikana (DOC. 1) ?

....

....

....

....

....

....

2. Pour quelles raisons développement et démocratie sont-ils liés (DOC. 2) ?

....

....

....

....

....

....

3. La démocratie en Afrique du Sud est-elle définitivement acquise (DOCS 1 et 3) ?

....

....

....

4. Montrez le rôle de la jeunesse dans la demande démocratique en Afrique (DOCS 2 et 4).

....

....

....

....

CAPACITÉ

Exercer son esprit critique

5. À l'aide des réponses apportées aux documents, préparez un exposé oral répondant à la problématique suivante : « Quel rôle tient la démocratie dans le développement de l'Afrique ? »

COURS 3

LES ACTEURS DE LA RECOMPOSITION DU CONTINENT AFRICAIN

POUR MÉMORISER

Écouter votre cours plusieurs fois vous permettra de mieux le retenir.

L'audio du cours.
liennathan.fr/v64kk8

Anciens et nouveaux partenaires internationaux de la recomposition africaine

Les principaux investisseurs étrangers en Afrique demeurent les anciennes puissances coloniales. L'**Union européenne** entretient une collaboration avec l'Union africaine et la plupart des États africains. Par ailleurs, les **États-Unis** tiennent une part non négligeable de l'activité économique, mais l'Afrique n'est pas leur terrain de développement privilégié.

De **nouveaux acteurs** sont apparus. Les **puissances émergentes** telles que la Chine et l'Inde et, dans une moindre mesure, le Brésil ou la Turquie, jouent un rôle de plus en plus actif dans la recomposition africaine. Il ne faut pas oublier le rôle grandissant des acteurs non étatiques : ONG, entreprises multinationales, organisation supranationale comme l'UA.

→ J'EXPÉRIMENTE 6 - P. 126

Le territoire africain entre dynamisme et marginalisation

Les acteurs de la recomposition africaine ne sont pas présents partout avec la même intensité, ni avec les mêmes objectifs. Leur implantation dépend de leurs intérêts. Les **EMN** s'implantent dans les régions riches en ressources fossiles. Les **ONG** sont présentes dans celles en proie à des difficultés humanitaires. Les partenaires étatiques concentrent leur action dans les régions stratégiques.

Les États africains cherchent à développer des politiques à la fois économiques et humanitaires en partenariat avec ces acteurs. Des problèmes de **gouvernance** et de corruption freinent une mise en place efficace de ces diverses politiques.

De fortes inégalités de développement subsistent en Afrique. On trouve des puissances émergentes comme l'Afrique du Sud ou le Nigeria, de petits pays sur la voie de la croissance tels que le Sénégal, le Ghana ou l'Éthiopie, mais aussi des territoires en marge, le plus souvent pour des raisons de guerres civiles ou de faillites étatiques comme en Somalie ou en Centrafrique.

→ J'EXPÉRIMENTE 7 - P. 128

Les dynamiques d'avenir et leurs limites

Partout, les initiatives de développement fleurissent à la demande des États africains. L'**aménagement de territoires** sous-équipés promet d'importantes marges de croissance. Cependant, l'**instabilité du continent** fait toujours craindre des régressions, comme au Kenya. Modèle de développement, le pays est déstabilisé par sa proximité avec le foyer de conflits de la Corne de l'Afrique.

Les États africains restent des acteurs essentiels de la recomposition des territoires. Mais en raison de difficultés politiques et économiques, ils sont aussi fortement tributaires de l'aide internationale. Cette aide se matérialise notamment avec la construction des corridors de développement.

→ J'EXPÉRIMENTE 6 - P. 126

VOCABULAIRE & NOTIONS

- **EMN :** entreprise ayant son siège social dans un pays mais qui possède des filiales à l'étranger.
- **Puissances émergentes :** pays du Sud qui connaît une croissance économique soutenue lui permettant d'améliorer l'IDH de la population.
- **Gouvernance :** manière de gouverner, d'exercer le pouvoir.
- **IDE :** investissements directs à l'étranger. Il s'agit de sommes d'argent envoyées en Afrique par des États ou des entreprises souhaitant investir.

DOC. 1

António Guterres, secrétaire général de l'ONU : « L'Afrique est un continent plein d'espoir. »

DOC. 2

Les IDE en Afrique

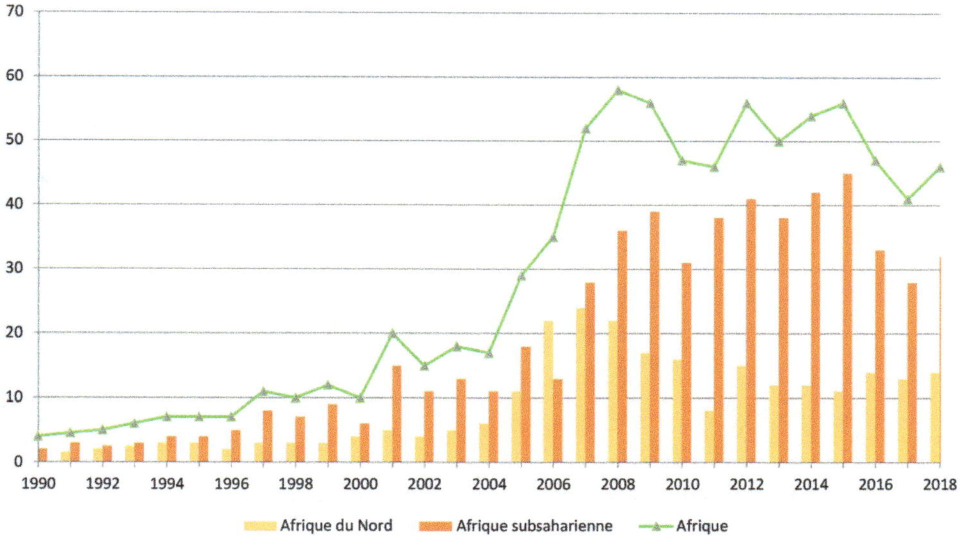

DOC. 3

Une de presse :
La course à l'Afrique

ON EN PARLE AUTREMENT…

UN FILM
Claire Denis,
White Material, 2010

Lecture active du cours

1. Qu'est-ce qui différencie une « puissance émergente » d'un « territoire en marge » ?

....

....

....

2. Distinguez les nouveaux et les anciens partenaires internationaux de la recomposition africaine.

....

....

....

3. Mettez en relation le graphique avec un paragraphe du cours.

....

....

....

SYNTHÈSE

4. Construisez une phrase avec les trois idées principales du cours.

....

....

....

....

....

....

....

J'EXPÉRIMENTE

Écoutez le cours associé.
liennathan.fr/526oti

6

Les recompositions territoriales en Afrique : corridors, zones franches et lieux de passage

La notion de **recomposition territoriale** signifie que de nouveaux espaces deviennent dynamiques et s'intègrent à la mondialisation. Cette insertion se fait grâce à la construction d'infrastructures industrielles et d'axes de transport, visant à capter ou stimuler les flux économiques intérieurs et extérieurs à l'Afrique.

➔ **Comment l'aménagement de corridors et de zones franches dans les lieux de passage contribue-t-il à la recomposition des territoires africains ?**

DOC. 1

Inauguration de la plus grande zone franche d'Afrique par le gouvernement de Djibouti

VOCABULAIRE & NOTIONS

- **Zone franche :** zone plus ou moins affranchie de toute fiscalité (taxes) ; ce qui favorise l'implantation d'activités industrielles et le développement des échanges commerciaux.
- **Corridor de transport :** axe aménagé soit par la route, soit par le train, soit encore par voie fluviale pour faciliter les déplacements et le commerce.
- **Hinterland :** arrière-pays. Espace terrestre en étroite relation avec un port et où celui-ci exerce une influence sur les activités économiques.

DOC. 2

Le corridor logistique Tete-Nacala au Mozambique

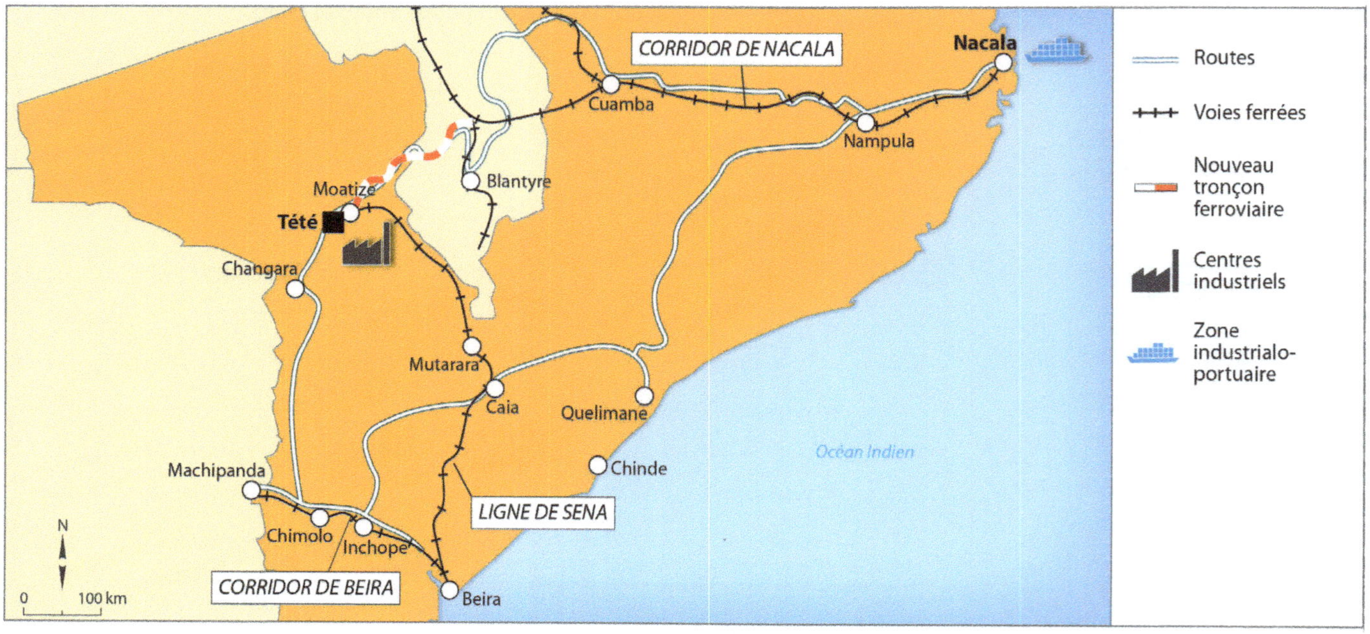

DOC. 3

Infrastructures : ces corridors africains qui valent de l'or

La baie de Nacala, dans le nord-est du Mozambique, abrite le seul port en eau profonde du pays ; mais, jusqu'à récemment, celui de Beira (Centre), qui ne peut recevoir que des navires de petit tonnage, et celui de Maputo (extrême Sud) assuraient bon an mal an la plupart des entrées et sorties logistiques du Mozambique et des pays de l'**hinterland** (Zimbabwe, Zambie et Malawi). Les choses ont changé avec l'entrée en service de l'ancienne voie ferrée coloniale reliant Tété (Nord-Ouest) à Nacala (via le Malawi) et l'agrandissement du port, en décembre 2015. Un projet motivé par le démarrage de l'exploitation du charbon dans la région de Tété, en 2010, puis la découverte de gigantesques champs gaziers près de Pemba (extrême Nord). Les autorités mozambicaines ont su saisir le bon moment pour pousser le géant minier brésilien Vale à investir 4 milliards de dollars dans la réfection de la voie ferrée et la construction d'un terminal d'exportation de charbon dans la baie de Nacala, de l'autre côté du port.

D'après Christophe Le Bec, Infrastructures : ces corridors africains qui valent de l'or, *Jeune Afrique*, 2016.

DOC. 4

Des mines à la mer : quatre grands corridors africains

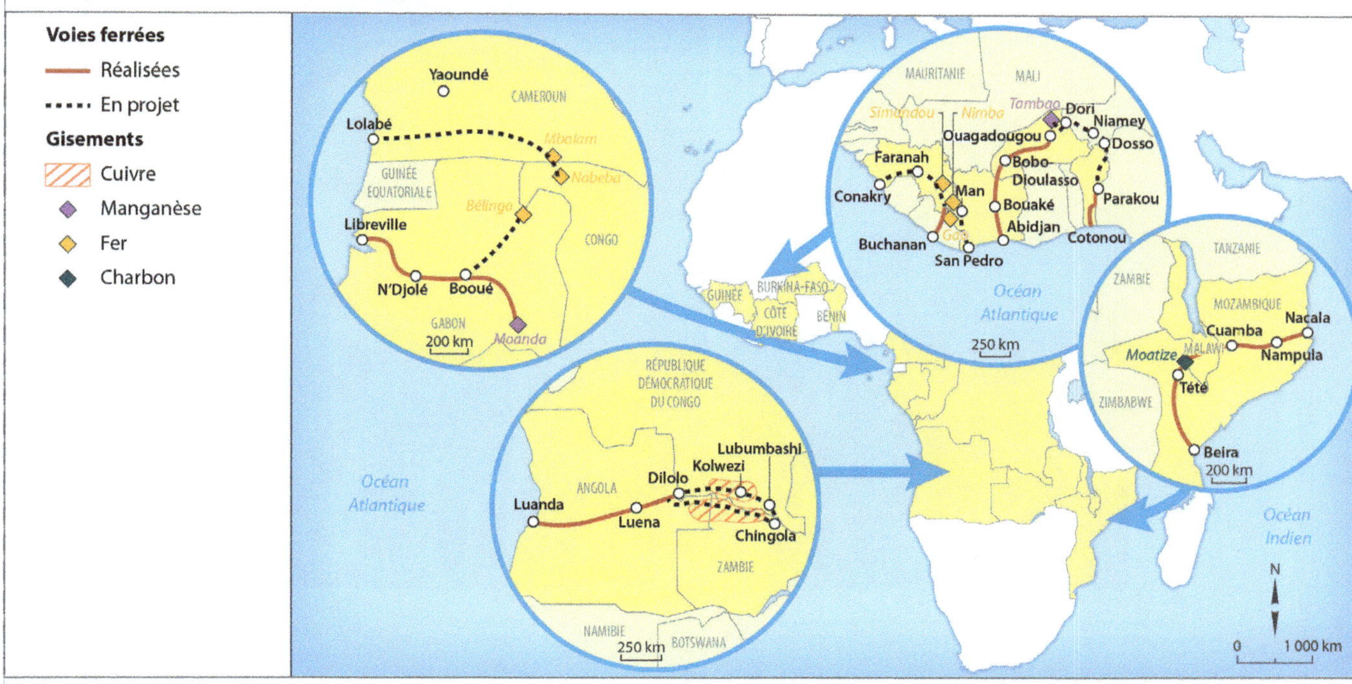

Comprendre et analyser les documents

1. Décrivez la photographie (DOC. 1) : quel événement représente-t-elle ? Situez cet événement sur la carte de l'Afrique (DOC. 4).

....

....

2. Quels liens pouvez-vous établir entre les documents 2 et 3 ?

....

....

3. Situez le corridor de Nacala au Mozambique sur la carte de l'Afrique (DOC. 4).

4. À quels besoins répondent ces corridors ? (DOCS 3 et 4)

....

....

CAPACITÉ

Questionner des documents pour construire une analyse géographique

5. À l'aide des documents, décrivez et expliquez au brouillon pourquoi l'aménagement de corridors de transport et de zones franches dans les lieux de passage contribue-t-il à la recomposition des territoires africains ?

J'EXPÉRIMENTE

Écoutez le cours associé.
liennathan.fr/34vy8e

7

La présence chinoise en Afrique

Dans le cadre d'un programme d'investissements international baptisé « **les nouvelles routes de la soie** », visant à pérenniser l'écoulement de ses productions et ses approvisionnements, la Chine finance de vastes chantiers d'infrastructures en Afrique. Elle le fait dans les pays qui se trouvent sur les routes du commerce mondial (Djibouti), dans ceux riches en ressources naturelles (Algérie) ou dans ceux dont la main d'œuvre est bon marché (Éthiopie).

➔ **Quel est le poids de la présence chinoise dans le développement de l'Afrique ?**

DOC. 1

Investissements chinois à Djibouti, sur l'une des « nouvelles routes de la soie »

DOC. 2

La Chine dans le commerce des pays africains

Nom	Balance commerciale	Premiers partenaires (exportations)	Exportations en milliards US $	Premiers partenaires (importations)	Importations en milliards US $
Afrique du Sud	- 9,96	Chine	5,80	Chine	14,60
Côte d'Ivoire	+ 2,31	Belgique	0,78	Chine	1,11
Éthiopie	- 20,79	Somalie	0,67	Chine	7,17
		Chine	0,38	États-Unis	1,06
Nigeria	+ 56,35	Inde	14,98	Chine	10,20
États de l'Afrique subsaharienne (y compris entre eux)	- 40,20	Chine	9,48	Chine	28,30
Algérie	- 35,55	Italie	5,21	Chine	8,41
Égypte	- 35,55	Émirats arabes unis	2,83	Chine	7,55

CAPACITÉ

▶ Rendre compte à l'oral individuellement ou collectivement des stratégies d'implantation de la Chine en Afrique

DOC. 3

La stratégie chinoise connaît ses premiers déboires en Afrique

C'était un magnifique aéroport qui devait voir le jour à 60 km de Freetown. Splendide, cher mais inutile. Ce projet à 318 millions de dollars (275 millions d'euros), que la Chine devait financer, construire, gérer et entretenir, a été annulé par les nouvelles autorités de Sierra Leone. « Le gouvernement considère qu'il n'est pas rentable économiquement de poursuivre la construction d'un nouvel aéroport alors que l'actuel est gravement sous-utilisé. » L'ampleur des financements accordés par la Chine accroît le risque que soient financés des projets économiquement non viables qui pourraient notamment entraîner les États concernés dans des dérives d'endettement insoutenables en l'absence de gains de productivité ou d'activité suffisants », analysent les auteurs d'un rapport du Trésor français publié le 11 octobre. Même analyse du côté du Fonds monétaire international et de la Banque mondiale, mais aussi des États-Unis et de l'Union européenne, qui dénoncent cette « diplomatie de la dette ».

Sébastien Le Belzic, *Le Monde*, 15 octobre 2018.

VOCABULAIRE & NOTIONS

• Nouvelles routes de la soie : projets d'infrastructures facilités par des négociations entre le gouvernement chinois et les gouvernements de pays en Asie, en Afrique et en Europe traversés par des axes du commerce mondial.

Comprendre et analyser les documents

1. Comparez la photographie (DOC. 1) avec la photographie (▶ p. 126, DOC. 1). Quelle conclusion ressort de cette comparaison ?

2. Quelle place tient la Chine dans le commerce avec les pays africains ? Justifiez votre réponse par des exemples (DOC. 2).

3. Pourquoi le projet d'aéroport financé par des investissements chinois a-t-il échoué en Sierra Leone (DOC. 3) ?

4. Pourquoi peut-on dire que ce projet aurait pu être dangereux pour la Sierra Leone (DOC. 3) ?

CAPACITÉ

Rendre compte à l'oral individuellement ou collectivement des stratégies d'implantation de la Chine en Afrique

5. À l'aide des documents, expliquez à l'oral le poids de la présence chinoise en Afrique (aspects positifs/aspects négatifs). Aidez-vous d'un tableau pour classer vos arguments.

PROJET

La Chinafrique : une expression justifiée ?

→ Quelle est la réalité de la présence chinoise en Afrique ?

DOC. 1

Une vision de la présence chinoise en Afrique

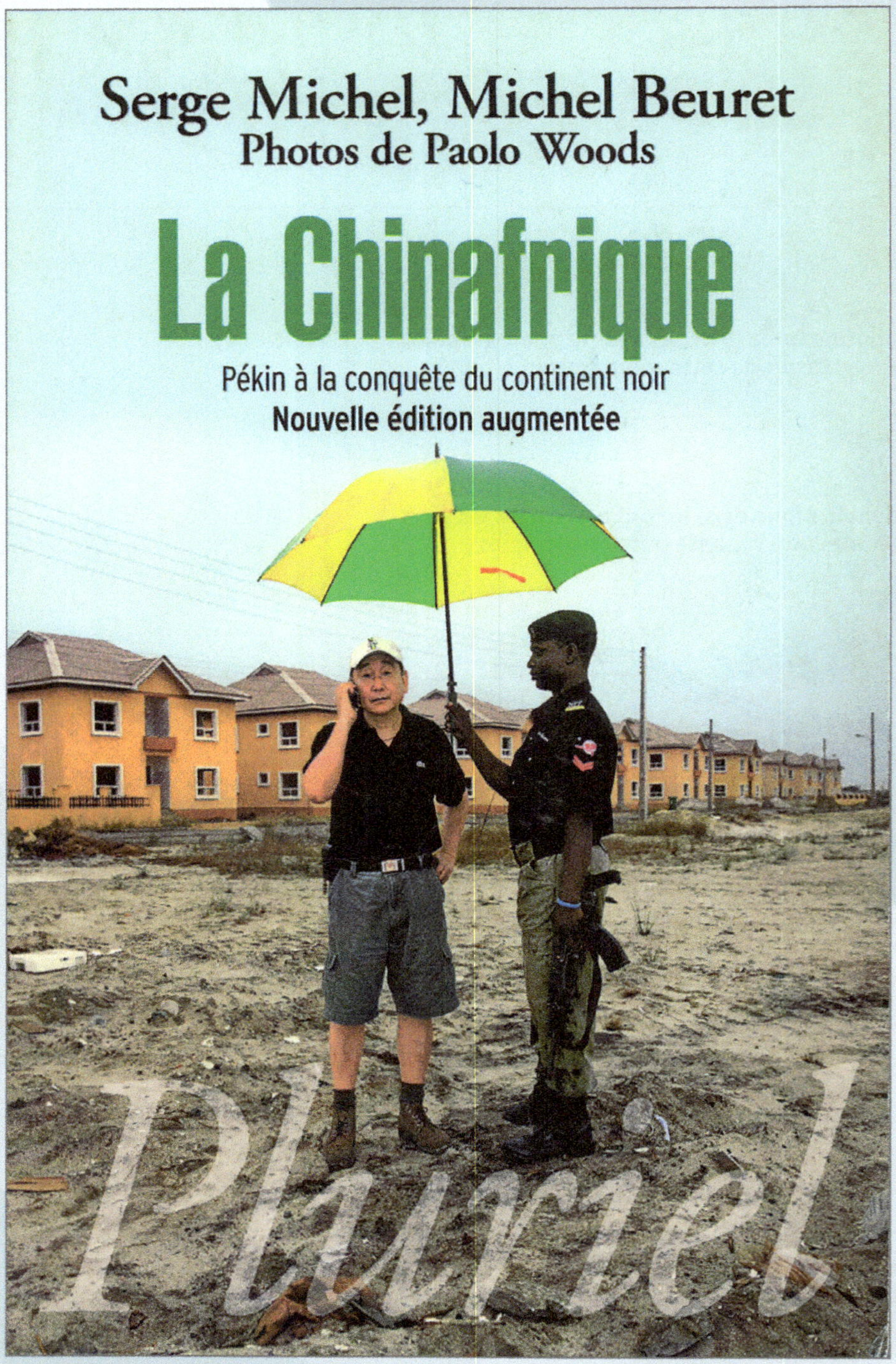

Couverture d'un livre de géographie.

DOC. 2

La Grande Mosquée d'Alger inaugurée en avril 2019

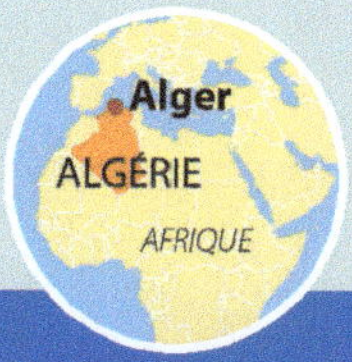

Chef d'œuvre d'architecture, son minaret de 265 mètres est considéré comme le plus haut du monde. La construction a été dirigée par un conglomérat algéro-chinois. 2000 ouvriers chinois ont travaillé sur le chantier. Les plans de la mosquée ont été réalisés par des Allemands et des cabinets français et canadiens ont participé au suivi du projet.

PROJET

▶ Répondez à la question de la double page en effectuant des recherches sur le site de Géoconfluences.

Consultez le site Internet.
liennathan.fr/u4c89u

GÉO-ART

L'Afrique du Congolais Chéri Samba

➔ **Comment l'art africain se fait-il l'écho des problématiques géographiques du continent ?**

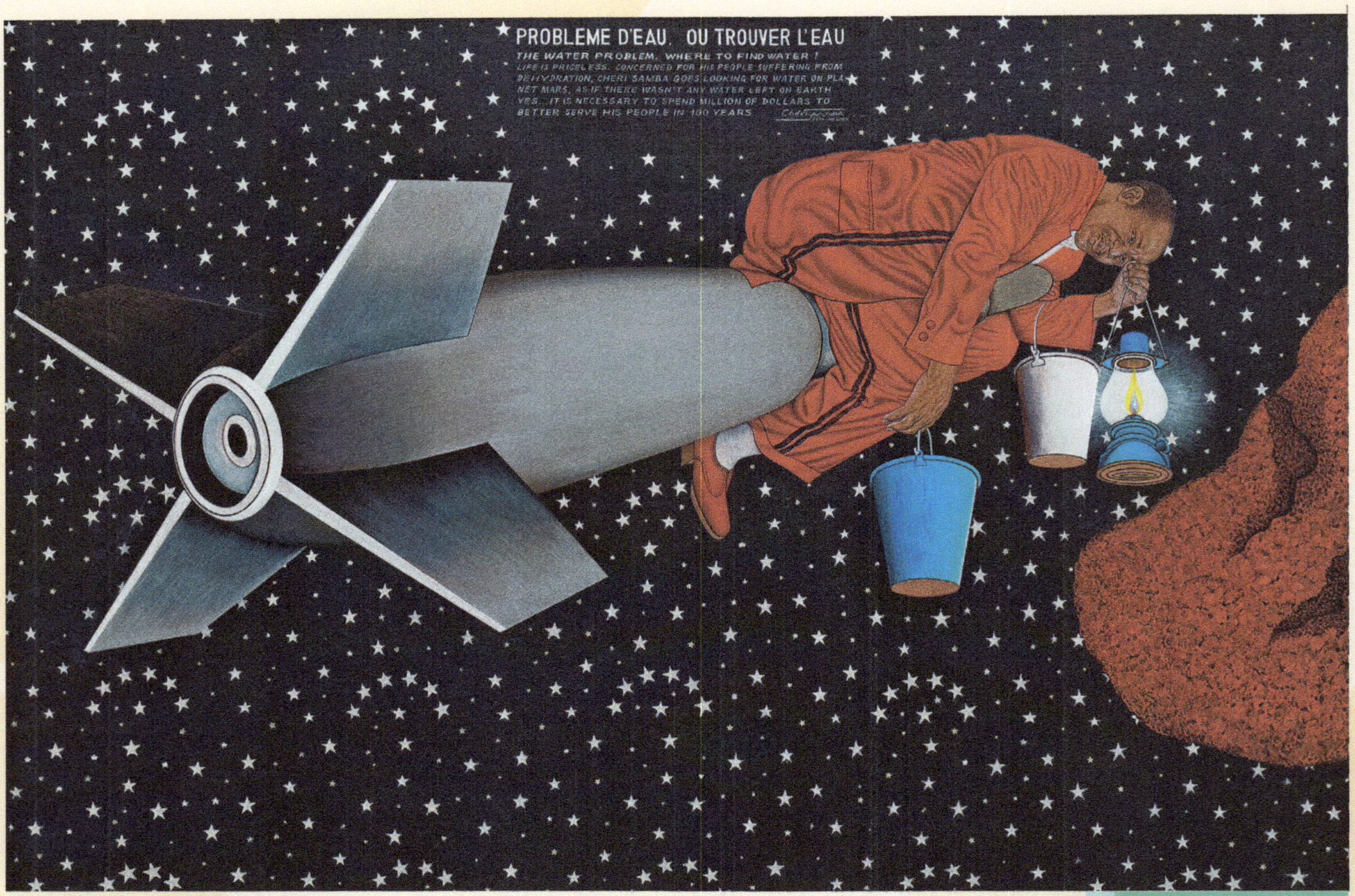

Commentaire inscrit sur le tableau

« Problème d'eau. Où trouver de l'eau ? La vie n'a pas de prix. Affecté par les problèmes de déshydratation de la population, Chéri Samba va rechercher de l'eau sur la planète Mars, comme s'il ne restait pas suffisamment d'eau sur terre. Oui… C'est nécessaire de dépenser des millions de dollars pour pouvoir mieux servir son peuple d'ici cent ans. »

Chéri Bamba, *Problème d'eau*, 2004. Collection Jean Pigozzi, Genève.

Chéri Samba (né en 1956) est un peintre originaire de la République démocratique du Congo. Ses œuvres figurent dans les collections du Centre Georges-Pompidou ou du Museum of Modern Art à New York. Elles incluent en général des commentaires en français, anglais ou en langue lingala. Ils portent sur différentes facettes de la vie quotidienne, sociale, politique et économique africaine, mais plus largement sur le monde moderne.

CONTEXTE

➔ L'Afrique regroupe le plus grand nombre de pays pauvres. Les besoins essentiels tels que l'accès à l'eau, à la nourriture et à la santé ne sont pas toujours satisfaits. Chéri Bamba est originaire d'un pays particulièrement représentatif des atouts et des difficultés du continent. La RDC possède d'immenses ressources naturelles, mais présente un important retard de développement. Mauvaise gouvernance, guerres et catastrophes naturelles ont meurtri le pays.

CAPIACITÉ

▶ Questionner une œuvre d'art pour construire une analyse géographique

Analyser l'œuvre d'art

ÉTAPE 1 PRÉSENTER L'ŒUVRE D'ART

1. Quelle est la nature et le titre de cette œuvre d'art ?

....

2. Qui est l'artiste ?

....

3. Quel est son lieu de conservation ?

....

ÉTAPE 2 OBSERVER ET DÉCRIRE

4. Qui est le personnage représenté sur le tableau ?

....

5. Quels objets et quels lieux sont visibles ?

....

6. Relevez les éléments réalistes et les éléments surréalistes de cette œuvre d'art.

....

....

ÉTAPE 3 INTERPRÉTER

7. Pourquoi cette œuvre d'art est-elle révélatrice de certains problèmes africains ?

....

8. Le message sur l'œuvre peut-il être qualifié d'ironique ? Justifiez votre réponse.

....

....

....

ÉTAPE 4 RENDRE COMPTE À L'ORAL

9. Grâce aux questions précédentes, préparez un audio-guide de présentation de cette œuvre d'art qui permettrait à un visiteur du musée de comprendre le message que Chéri Samba fait passer au sujet de l'Afrique.
Enregistrez-vous sur votre téléphone portable et envoyez votre travail à votre professeur.

JE RETIENS AUTREMENT

Les repères du Thème 2

Une **carte mentale** permet d'organiser sa pensée et ses connaissances. Elle s'organise autour d'une **idée générale** et se divise en **idées secondaires** de plus en plus précises et en **exemples**. Les **couleurs** permettent de classer les informations sur le même thème pour mieux les retenir.

Complétez la carte mentale ci-dessous avec les propositions suivantes.

- 41 % de la population a moins de quinze ans
- abondance des ressources agricoles, minières et fossiles
- manque d'infrastructures
- insertion inégale dans la mondialisation économique
- dépendance à l'égard des institutions internationales
- près d'un milliard d'habitants

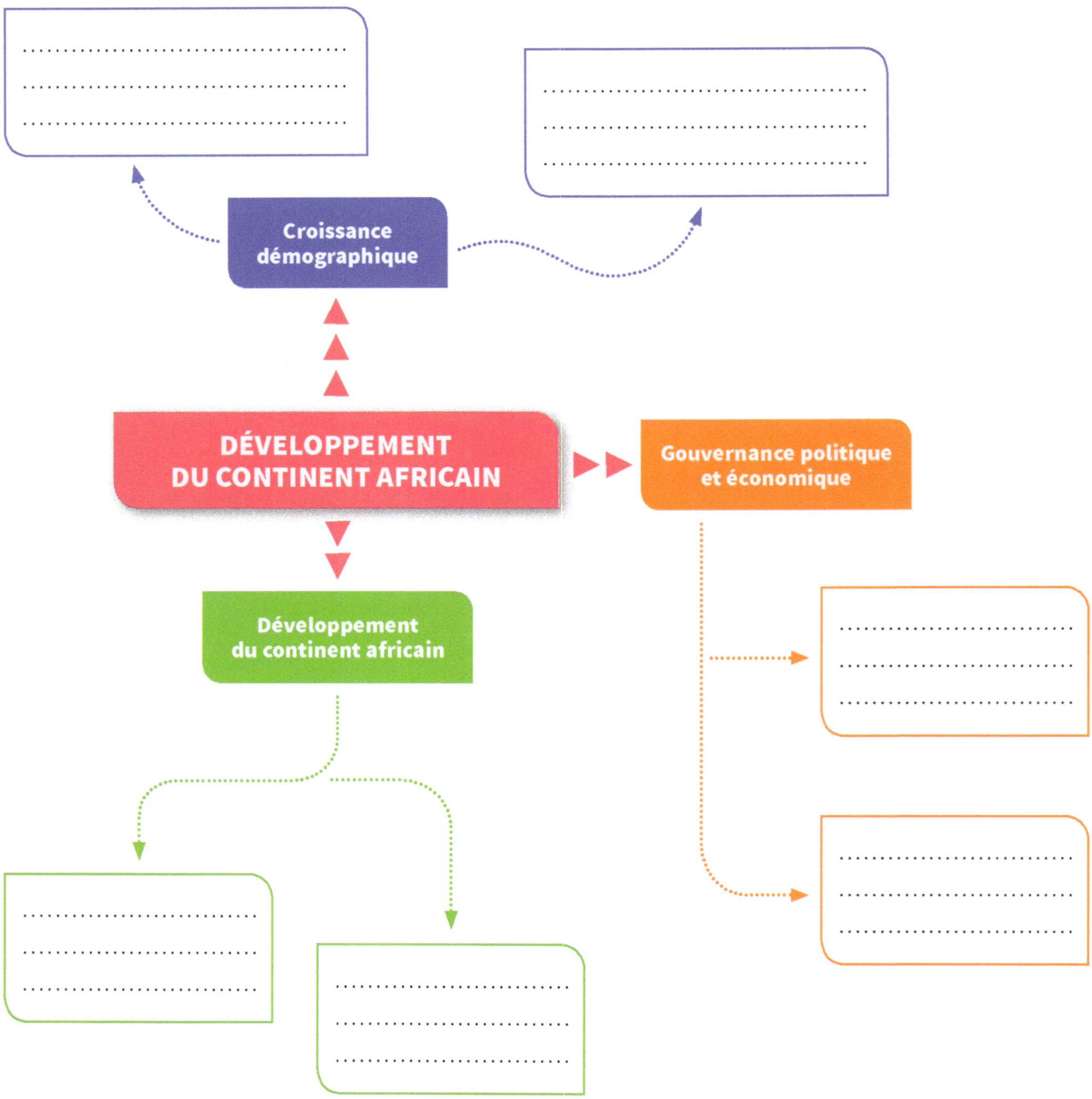

JE RETIENS AUTREMENT

Les notions du Thème 2

Une **carte mentale** permet d'organiser sa pensée et ses connaissances. Elle s'organise autour d'une **idée générale** et se divise en **idées secondaires** de plus en plus précises et en **exemples**. Les **couleurs** permettent de classer les informations sur le même thème pour mieux les retenir.

Complétez la carte mentale ci-dessous avec les propositions suivantes.

▸ Zones franches et ports maritimes ▸ Chine et puissances émergentes ▸ corridors de développement ▸ pays bénéficiant des recompositions territoriales : Nigéria, Éthiopie, Kenya, Mozambique, Afrique-du-Sud, Djibouti ▸ régions en marge des recompositions territoriales : Corne de l'Afrique, Sahel, Afrique centrale ▸ pays occidentaux

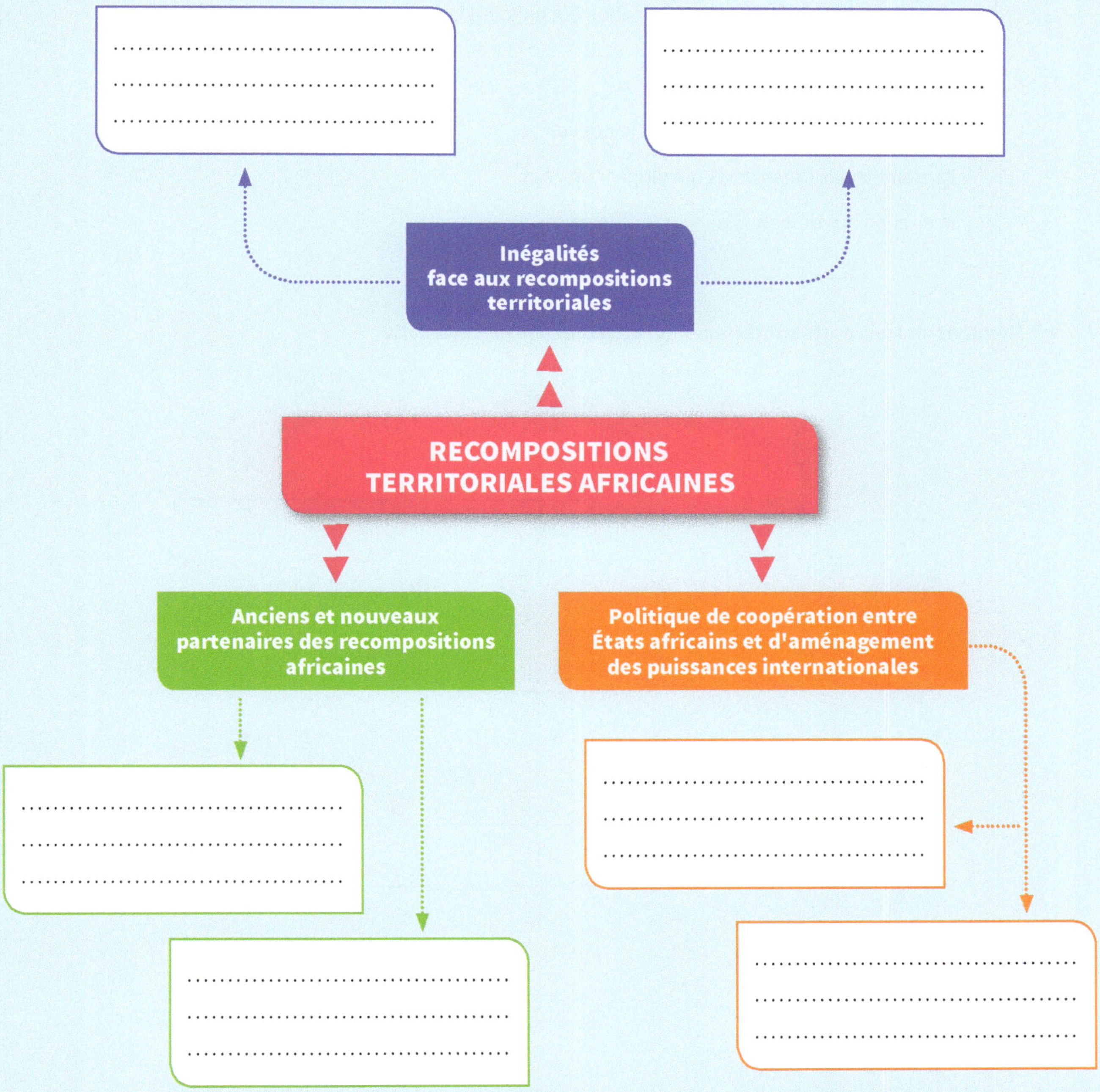

VERS LE BAC

Le jour de l'épreuve, vous êtes évalué(e) sur la connaissance des repères spatiaux du programme. Cet exercice peut comporter un ou des documents à compléter (croquis, schémas, définitions ou tableaux). Vous serez également amené(e) à répondre à des questions sur un ou deux documents.

PREMIÈRE PARTIE

1 **Cochez la définition qui vous semble correcte.**

a. La Chinafrique désigne :

- ☐ un espace situé en Asie mais en relation étroite avec l'Afrique.
- ☐ les espaces du continent africain où la Chine est présente économiquement.
- ☐ l'ensemble des voies de communication qui unissent la Chine au continent africain.

b. La gouvernance désigne :

- ☐ la manière de gouverner, d'exercer le pouvoir.
- ☐ l'ensemble des organismes qui dirigent un pays.
- ☐ la réunion des différents ministres d'un pays.

2 **Nommez les trois ports stratégiques qui apparaissent sur cette carte.**

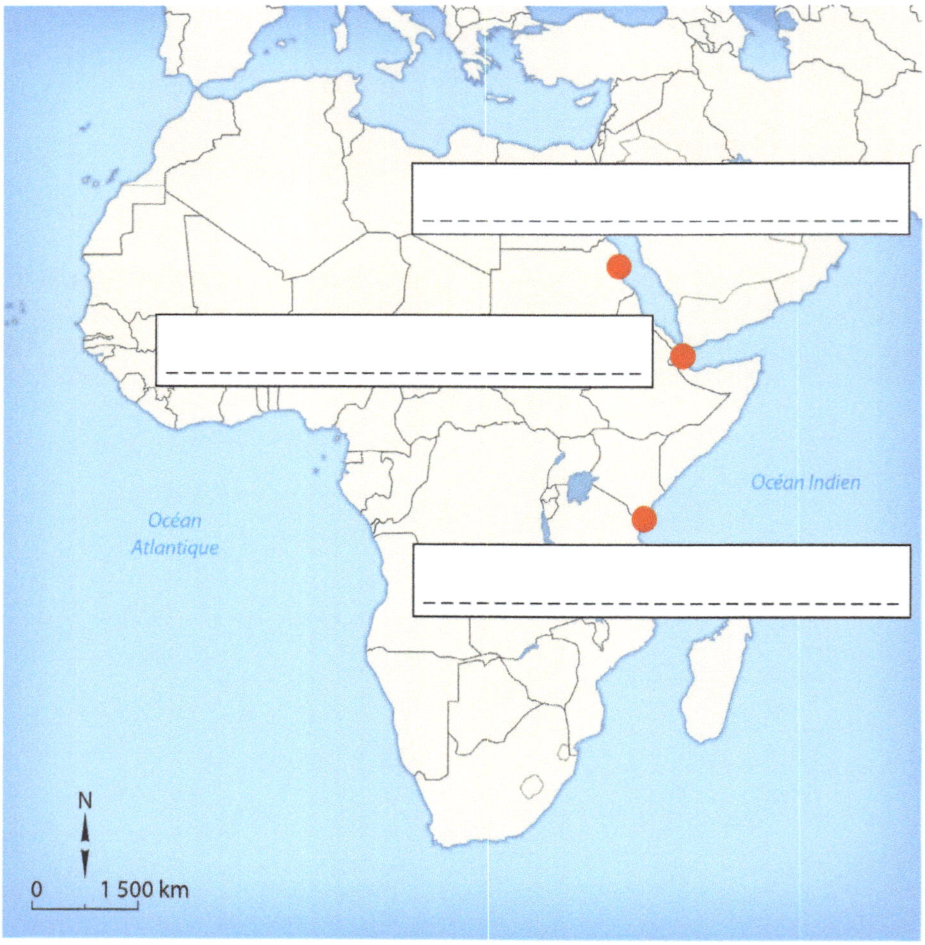

SECONDE PARTIE

DOC. 1

La démocratie en Afrique

À l'occasion de l'ouverture de l'Assemblée générale des Nations unies à New York ce mardi, la fondation Bill Gates[1] a publié son rapport annuel sur les progrès en matière de développement. Le milliardaire américain y appelle à une aide à l'Afrique, un continent qui fait face à une croissance démographique sans précédent. Sa population va doubler d'ici 2050 pour atteindre 2,4 milliards d'habitants, dont la moitié aura moins de 25 ans. Les grands fabricants de certains produits de consommation scrutent à la loupe le marché africain, où l'on parle depuis quelques années de l'éclosion d'une classe moyenne.

Dans son rapport 2018, Bill Gates fait le constat que la pauvreté régresse dans le monde depuis 20 ans, avec un milliard de personnes dont le quotidien s'est amélioré, notamment en Afrique. Mais il exprime aussi une inquiétude : la forte croissance démographique dans certains pays du continent pourrait freiner la réduction de la pauvreté, voire inverser la courbe, le nombre d'Africains vivant dans une très grande pauvreté repartant à la hausse. Il appelle donc les pays riches à poursuivre leurs investissements dans les pays pauvres afin de les aider à atteindre les objectifs de développement durable (ODD), fixés par les Nations unies pour 2030. Il affirme en particulier qu'il faut « investir dans la santé et l'éducation » de la « jeune génération émergente ». Avec une bonne éducation dans différents domaines, les jeunes Africains pourront ainsi contribuer à la croissance économique et ensuite à la baisse de la croissance démographique.

1. Bill Gates est un milliardaire américain, fondateur de l'entreprise Microsoft.

Stanislas Ndayishimiye, *Forces et faiblesses de la démographie en Afrique*, RFI, 2018.

Répondre aux questions sur un document

1 Auprès de quel organisme international a été publié le rapport mentionné dans le document ?

....

2 Montrez que la croissance démographique est très importante en Afrique.

....

....

3 Pourquoi les géographes utilisent-ils le terme de « défi démographique » à propos du continent africain ? Justifiez-votre réponse.

....

....

....

....

4 Quel est l'intérêt d'investir dans la santé et l'éducation ?

....

....

....

....

Thème 1

ÉGAUX ET FRATERNELS

POUR MÉMORISER

Écouter votre cours plusieurs fois vous permettra de mieux le retenir.

L'audio du cours. liennathan.fr/26er7z

Égalité et fraternité : deux principes qui ont une histoire

L'égalité et la fraternité sont deux **valeurs** au cœur de la République. À partir de la Révolution française en 1789, ces idées sont inscrites dans la loi. Elles vont s'enrichir et se développer au cours des XIXe et XXe siècles. Par exemple, le droit de vote devient progressivement universel affirmant ainsi l'égalité entre citoyens quel que soit leur sexe.

→ J'EXPÉRIMENTE 1 - P. 140

Lutter contre les discriminations et les inégalités

Promouvoir l'égalité, c'est refuser les **discriminations**. Celles-ci sont punies par plusieurs lois depuis 1972. Elles concernent tous les domaines de la vie quotidienne. Les impôts et les politiques spécifiques (plan Langevin-Wallon) visent à réduire les inégalités.

→ J'EXPÉRIMENTE 2 ET 3 - P. 142-144

La fraternité pour garantir la dignité de tous

La **fraternité** vise à garantir la **dignité** de tous par la **solidarité** et la **tolérance.** Pour cela, des politiques spécifiques sont mises en place. Le **revenu de solidarité active** (RSA) garantit un revenu minimum. La **loi SRU** (Solidarité et Renouvellement Urbain) impose des quotas de logements sociaux dans les villes. Le **plan Solidarité grand âge** permet quant à lui la mise en place de mesures en faveur du troisième âge. L'essentiel de la solidarité est pris en charge par la Sécurité sociale.

→ J'EXPÉRIMENTE 3 - P. 144

Égalité, fraternité et engagement individuel

L'égalité et la fraternité ne relèvent pas seulement de l'État. Elles sont aussi l'affaire de tous les acteurs de la société qui peuvent s'engager. Chacun d'entre nous peut les défendre à l'échelle individuelle. De nombreuses associations interviennent aussi dans ces domaines.

→ J'EXPÉRIMENTE 4 - P. 146

REPÈRES

- **1944** Vote des femmes
- **1945** Création de la Sécurité sociale
- **2007** Charte des droits fondamentaux de l'Union européenne.

VOCABULAIRE & NOTIONS

- **Valeur :** idée importante pour laquelle on est prêt à s'engager.
- **Discrimination :** fait de refuser l'égalité à un individu ou un groupe en raison d'une différence (religieuse, ethnique, physique, sexuelle...).
- **Fraternité :** troisième terme de la devise française, elle recouvre les idées de solidarité et de tolérance.
- **Dignité :** respect que l'on doit à tout être humain.
- **Engagement :** attitude d'un individu prêt à défendre une valeur à laquelle il croit.

DOC. 1
Louise Weiss

Louise Weiss (1893-1983) milite durant les années 30 pour que les femmes obtiennent le droit de vote en France. Elle n'hésite pas à mener des actions médiatiques pour sensibiliser l'opinion publique à la question de l'égalité entre hommes et femmes.

DOC. 2
La Sécurité sociale au service de la fraternité

DOC. 3
Une citation

« Tous les êtres humains naissent libres et égaux en dignité et en droits. Ils sont doués de raison et de conscience et doivent agir les uns envers les autres dans un esprit de fraternité. »

Article 1er, *Déclaration universelle des droits de l'homme*, 1948.

ON EN PARLE AUTREMENT...

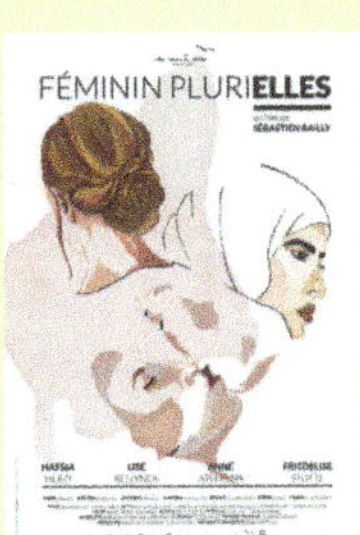

UN FILM
Sébastien Bailly, *Féminin plurielles*, La Mer à Boire Productions, 2018.

?

Lecture active du cours

1. Pourquoi Louise Weiss symbolise-t-elle les combats pour l'égalité et la lutte contre les discriminations (DOC. 1) ?

....

....

....

....

2. Quelles idées du cours retrouve-t-on dans l'article 1er de la *Déclaration universelle des droits de l'homme* (DOC. 3) ?

....

....

3. Mettez chacun de ces trois documents en relation avec une partie du cours.

DOC. 1 : ....

DOC. 2 : ....

DOC. 3 : ....

4. Quelle idée du cours n'est pas illustrée par un document ?

....

....

SYNTHÈSE

5. Construisez une phrase avec les quatre idées principales du cours.

....

....

....

J'EXPÉRIMENTE

Écoutez le cours associé.
liennathan.fr/jc1m22

1 L'égalité : un héritage historique

L'idée d'égalité est mise en œuvre pour la première fois durant la Révolution française à partir de 1789. À cette époque, elle ne concerne que les domaines politique et juridique. De plus, c'est, pendant longtemps, une égalité entre citoyens masculins.

➔ **Comment a évolué l'idée d'égalité depuis la Révolution française ?**

DOC. 1

L'égalité juridique proclamée en 1789

Art. 1 - Les hommes naissent et demeurent libres et égaux en droits. Les distinctions sociales ne peuvent être fondées que sur l'utilité commune.

Art. 6 - La Loi est l'expression de la volonté générale. Tous les Citoyens ont droit de concourir personnellement, ou par leurs Représentants, à sa formation. Elle doit être la même pour tous, soit qu'elle protège, soit qu'elle punisse. Tous les Citoyens étant égaux à ses yeux sont également admissibles à toutes dignités, places et emplois publics, selon leur capacité, et sans autre distinction que celle de leurs vertus et de leurs talents.

Déclaration des droits de l'homme et du citoyen, 26 août 1789.

DOC. 2

L'instauration du suffrage universel masculin

Art. 5 - Le suffrage sera direct et universel.

Art. 6 - Sont électeurs tous les Français âgés de 21 ans résidant dans la commune depuis six mois et non judiciairement privés ou suspendus de l'exercice des droits civiques.

Art. 7 - Sont éligibles tous les Français âgés de 23 ans et non privés ou suspendus de l'exercice des droits civiques.

Décret du 5 mars 1848.

DOC. 3

L'instauration du suffrage universel en 1944

L'article 17 de l'ordonnance du 21 avril 1944 accorde le droit de vote et l'éligibilité aux femmes. Les femmes votent pour la première fois en 1945 pour les élections municipales, puis pour un référendum.

VOCABULAIRE & NOTIONS

• **Suffrage universel :** système de vote dans lequel chaque citoyen vote et la voix de chacun a la même valeur.

? Comprendre et analyser les documents

1. Quelles dispositions concernent l'égalité en 1789 (DOC. 1) ?

....

....

2. Montrez que, jusqu'en 1944, le suffrage n'est pas véritablement universel (DOCS 2 et 3).

....

....

3. Quel élément de la photographie montre que le vote des femmes est un acte exceptionnel en 1945 (DOC. 3) ?

....

....

CAPACITÉ

Identifier une notion

5. À partir de l'exemple du suffrage universel, montrez que, depuis la Révolution française, l'idée d'égalité s'est étendue au sein de la société française.

....

....

....

PROJET

Le droit de vote

➔ **Vous allez organiser une campagne au sein de votre établissement pour promouvoir l'exercice du droit de vote.**

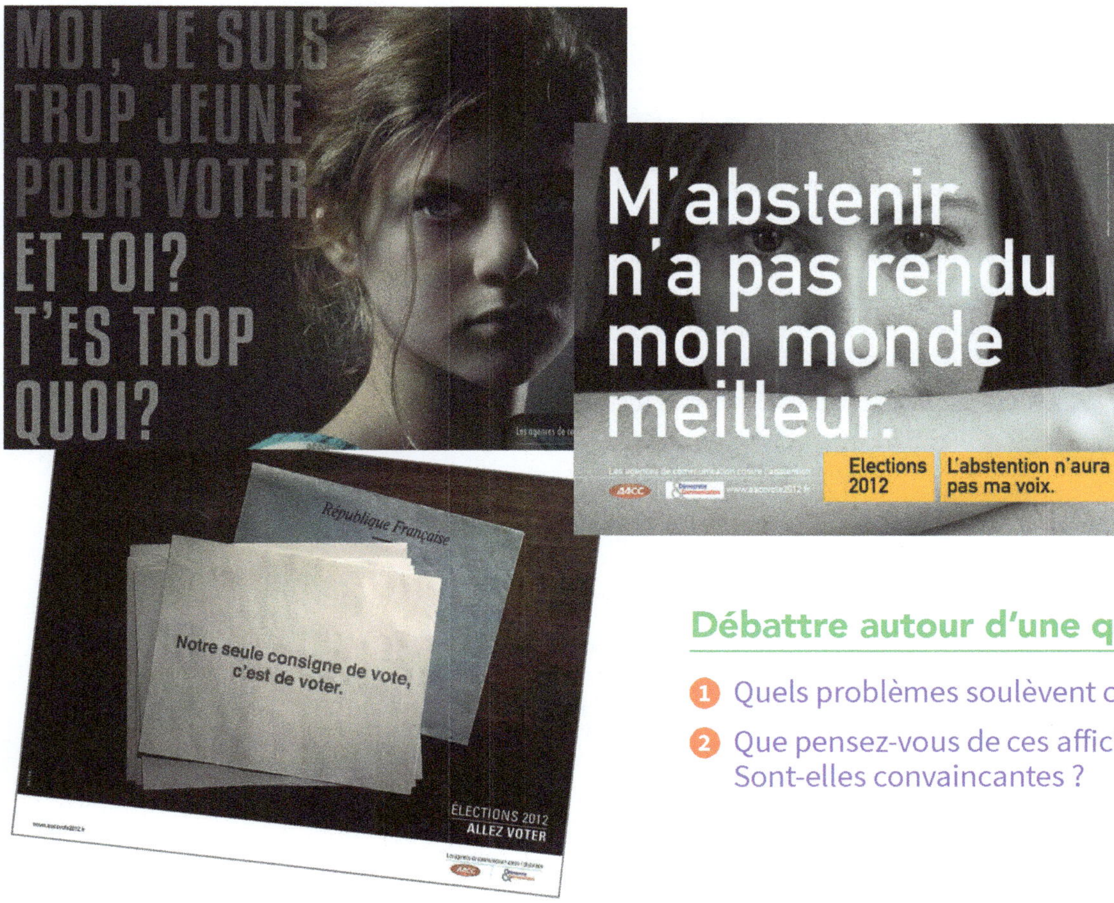

Trop jeune pour voter. Institution, « Lutte contre l'abstention », mars 2012.

Débattre autour d'une question

1. Quels problèmes soulèvent ces affiches ?
2. Que pensez-vous de ces affiches ? Sont-elles convaincantes ?

ACTIVITÉS

▶ Organiser une campagne de promotion pour le droit de vote

ÉTAPE 1

Organiser une enquête auprès des élèves de votre lycée

1. **Préparer un questionnaire sur l'exercice du droit de vote**
   Exemples de questions :
   • Êtes-vous inscrit(e) sur les listes électorales ?
   • Savez-vous comment vous inscrire sur les listes électorales ?
   • Avez-vous le droit de vote ? Si oui, avez-vous déjà voté ?
   • Que pensez-vous des élections (délégués de classe, conseil d'administration, ...) au sein de votre établissement ?
2. **Analyser les résultats**
   • Quel bilan pouvez-vous tirer de chaque question ? Quelle réponse est majoritaire ?
   • Quel(s) problème(s) se pose(nt) dans votre établissement ?
   Par exemple, des élèves ne vont pas voter alors qu'ils ont le droit de vote. Une majorité des élèves considèrent que les élections à l'intérieur de l'établissement ne servent à rien…

ÉTAPE 2

Réfléchir et agir

1. Pour chaque problème identifié, trouver un ou plusieurs arguments pour convaincre vos camarades qu'ils font un mauvais choix.
2. À partir de ces arguments, préparer des posters à afficher dans l'établissement. Vous pouvez vous inspirez des trois documents ci-dessus.

J'EXPÉRIMENTE

Écoutez le cours associé.
liennathan.fr/wpf600

2 Lutter contre les discriminations au nom de l'égalité

L'égalité, un des grands principes de la République, peut être menacée par les **discriminations**. Longtemps ignorées, la lutte contre celles-ci devient un enjeu majeur de **cohésion nationale**.

➜ **Comment lutter contre les discriminations ?**

DOC. 1 Des lois pour lutter contre les discriminations

1972 - Loi relative à la lutte contre le racisme
1975 - Loi sur l'intégration des personnes handicapées
1986 - Loi Roudy sur l'égalité professionnelle entre les femmes et les hommes
1990 - Loi Gayssot visant à réprimer tout acte raciste, antisémite ou xénophobe
2005 - Loi pour l'égalité des droits et des chances, la participation et la citoyenneté des personnes handicapées
2014 - Loi pour l'égalité réelle entre les femmes et les hommes

VOCABULAIRE & NOTIONS

- **Discrimination :** fait de refuser l'égalité à un individu ou un groupe en raison d'une différence (religieuse, ethnique, physique, sexuelle...).
- **Cohésion nationale :** lien entre les différentes composantes de la société.

DOC. 2 Lutter contre les discriminations est l'affaire de tous

Affiche de la Dilcrah, 2017 (Délégation interministérielle à la lutte contre le racisme et l'antisémitisme).

DOC. 3 EasyJet condamnée pour discrimination

Se déplaçant en fauteuil roulant depuis un accident de VTT, elle sait s'organiser. La veille, elle a pris sans aucun ennui un vol dans l'autre sens. Mais ce jour-là, elle est obligée de quitter l'appareil, à la demande l'équipage, confortée par la direction, au motif qu'elle voyage sans accompagnateur. Même la solution d'un passager proposant de l'escorter est refusée. La passagère se sent alors humiliée et elle porte plainte. À l'issue du procès en appel, la compagnie a été condamnée mardi à 50 000 euros d'amende, mais aussi à verser 5 000 euros de dommages et intérêts à la plaignante et un euro à l'Association des paralysés de France (APF), partie civile dans ce dossier.

France Info, 11 février 2014.

Comprendre et analyser les documents

1 Quelles sont les formes de discriminations reconnues par la loi (DOCS. 1 et 3) ? En connaissez-vous d'autres non mentionnées ici ?

....

2 Pourquoi faut-il plusieurs lois pour lutter contre une même discrimination (DOC. 1) ?

....

3 Est-ce que la lutte contre les discriminations relève uniquement de la loi (DOC. 2) ? Justifiez votre réponse.

....

4 Montrez que la justice sanctionne les discriminations (DOC. 3).

....

CAPACITÉ

Identifier une notion

5 Confrontez la notion de discrimination aux différents documents et répondez à la problématique sous forme de carte mentale. Comment lutter contre les discriminations ?

Lutter contre les discriminations

J'EXPÉRIMENTE

Écoutez le cours associé.
liennathan.fr/6nd75y

3 La fraternité, c'est la solidarité et la tolérance

La devise de notre République est : Liberté, Égalité, **Fraternité**. Le terme « fraternité » est le moins connu. Pourtant, la fraternité contribue à la cohésion nationale, c'est-à-dire à maintenir un lien entre les habitants.

➔ **Comment la fraternité permet-elle la solidarité au quotidien ?**

DOC. 1

La solidarité en action : les Restos du Cœur

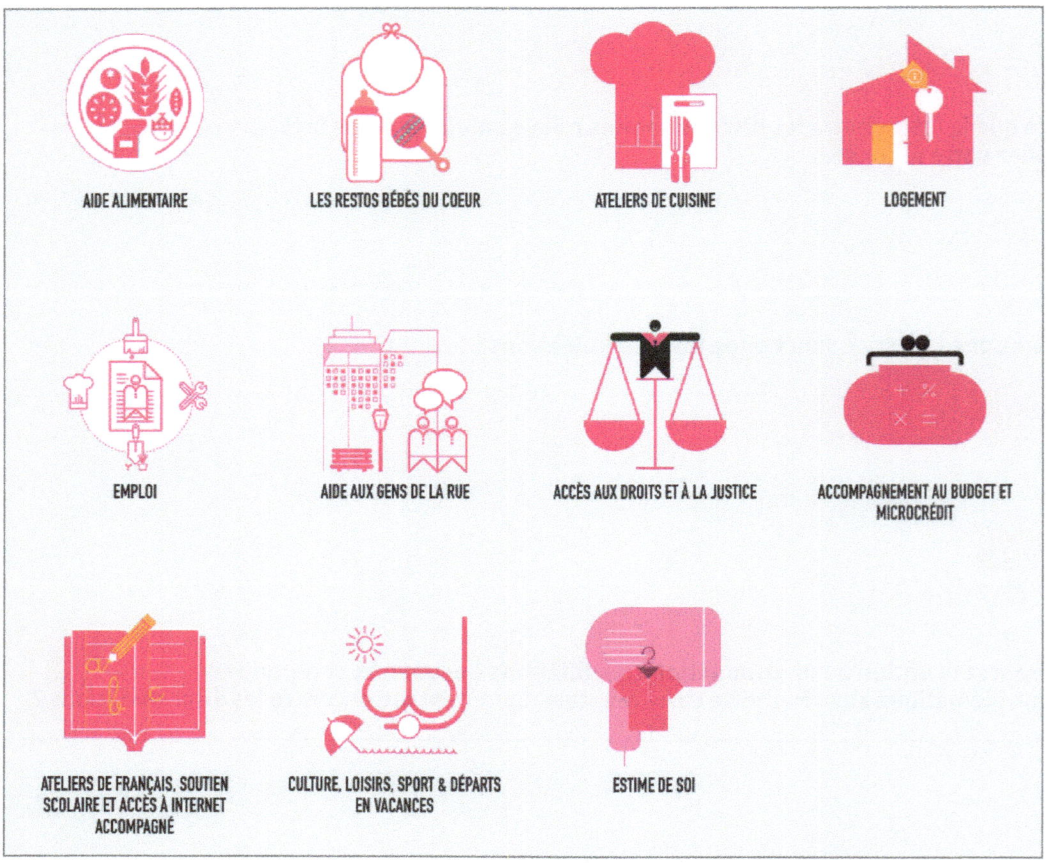

Créés en 1985 par Coluche, ils ont pour but d'apporter une aide aux personnes démunies.

DOC. 2

La tolérance, une valeur essentielle

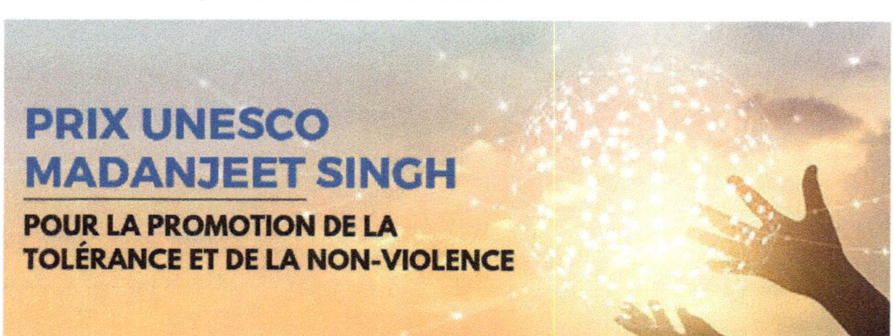

Ce prix récompense des activités significatives pour la promotion de la tolérance et de la non-violence. Il a été établi en 1995 en faveur de l'Année des Nations unies pour la tolérance et le 125e anniversaire de la naissance de Gandhi.

DOC. 3

Le service national universel (SNU)

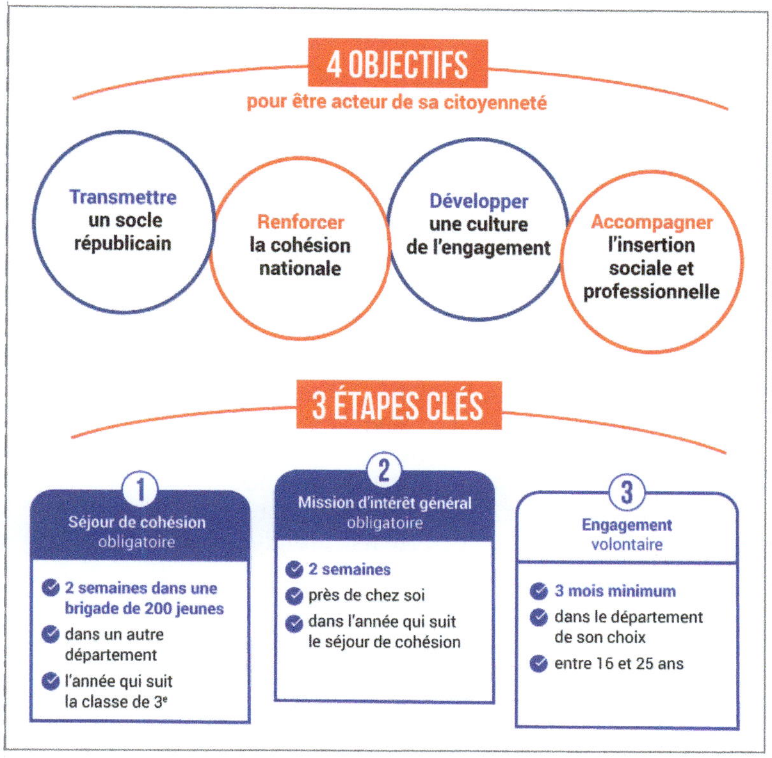

VOCABULAIRE & NOTIONS

- **Fraternité :** troisième terme de la devise française, elle recouvre les idées de solidarité et de tolérance.
- **Service national universel (SNU) :** service civique d'une durée d'un mois qui s'adresse à tous les jeunes français dans le but de renforcer la cohésion nationale et de favoriser une culture de l'engagement.

Comprendre et analyser les documents

1 Quelles actions sont menées par les Restos du Cœur pour la solidarité (DOC. 1) ?

2 Pourquoi et comment l'UNESCO encourage-t-elle la tolérance (DOC. 2) ?

3 En quoi le SNU encourage-t-il la fraternité (DOC. 3) ?

CAPACITÉ

Identifier une notion

4 Confrontez la notion de fraternité aux différents documents et répondez à la question sous la forme d'un article de journal : quelles formes peut prendre la solidarité au quotidien ? Vous écrirez votre article sur une feuille de brouillon.

J'EXPÉRIMENTE

Écoutez le cours associé.
liennathan.fr/130rnz

4 L'État, garant de la justice sociale

L'État français garantit la justice sociale dans le but de préserver la dignité de tous. La justice sociale est un élément central de la cohésion nationale.

➔ Comment l'État prend-il en charge la solidarité ?

DOC. 1

Les impôts au service de la réduction des inégalités

Les impôts et prestations sociales augmentent de plus de deux tiers le niveau de vie des 20 % des foyers les plus modestes, et diminuent d'un cinquième celui des 20 % les plus aisés. Avant impôts et prestations sociales, le niveau de vie des 20 % des ménages les plus aisés est huit fois supérieur à celui des 20 % des ménages les plus modestes. Après redistribution, il est quatre fois plus élevé. Notre système redistributif permet également de réduire le taux de pauvreté : celui-ci s'établit aujourd'hui à 14 %, contre 17 % en moyenne dans l'Union européenne, mais atteindrait 22 % en l'absence de redistribution.

impôts.gouv.fr

DOC. 2

La Sécurité sociale prend en charge la protection sociale

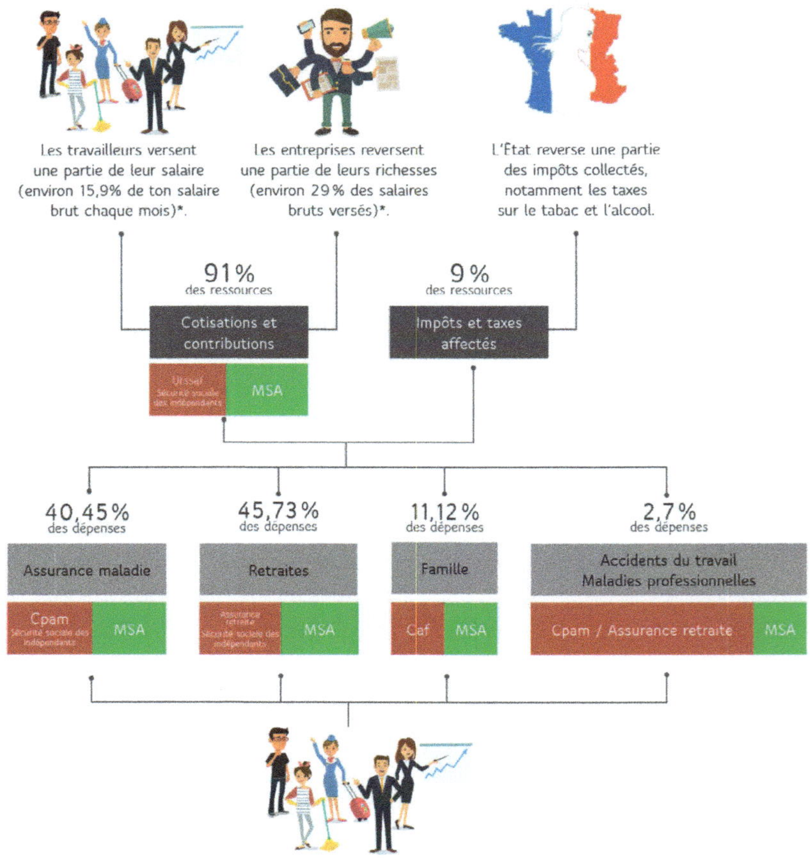

** Chiffres correspondant à la part des cotisations destinées au financement de la Sécurité sociale. Il y a d'autres cotisations pour les complémentaires et le chômage.*

DOC. 3

Les communes agissent localement pour la solidarité

Crée en 1995, à Coulommiers (Seine-et-Marne), le service de portage de repas à domicile est assuré par Sandrine Da Silva qui, du lundi au vendredi, livre les plats à 90 bénéficiaires. Chaque année, ce sont près de 16 600 repas distribués aux plus de 60 ans et aux adultes handicapés qui en font la demande. Appréciée des bénéficiaires, l'agent de la Caisse communale d'action sociale (CCAS) peut, quand cela lui paraît nécessaire, faire remonter des informations aux différents services sociaux de la Ville. Les contacts quotidiens qu'elle a avec les personnes sont essentiels à leur bien-être.

Site de la mairie de Coulommiers.

VOCABULAIRE & NOTIONS

- **Justice sociale :** principe qui repose sur la solidarité nationale et qui garantit que les inégalités entre les individus soient acceptables.
- **Impôt :** contribution, le plus souvent en argent, que doit verser un citoyen pour payer les dépenses de l'État.

Comprendre et analyser les documents

1 Comment les impôts contribuent-ils à réduire les inégalités (DOC. 1) ?

....

....

....

....

2 Quelles sont les sources de financement de la Sécurité sociale (DOC. 2) ?

....

....

....

....

3 En quoi l'aide sociale apportée par les communes est-elle complémentaire de l'action de l'État et de la Sécurité sociale (DOCS 1, 2 et 3) ?

....

....

....

....

CAPACITÉ

Identifier une notion

4 Par groupes de deux, réalisez l'interview fictive d'un(e) maire qui explique aux auditeurs comment l'État prend en charge la solidarité.
Listez les questions que vous souhaitez poser.

....

....

....

....

....

....

Thème 2

PRÉSERVER LA PAIX ET PROTÉGER DES VALEURS COMMUNES : DÉFENSE ET SÉCURITÉ EN FRANCE ET EN EUROPE

POUR MÉMORISER

Écouter votre cours plusieurs fois vous permettra de mieux le retenir.

L'audio du cours.
liennathan.fr/4ef3v7

D'une armée de citoyens à une armée de métier

Depuis la Révolution française, la défense du pays est un des devoirs fondamentaux du citoyen. Cette idée est à l'origine de la naissance de la **conscription**, encadrée par l'armée de métier. Mais depuis le XIXe siècle, les menaces qui pèsent sur le territoire n'ont cessé d'évoluer, rendant de plus en plus difficile la formation des citoyens en matière de défense. En 1997, le président Jacques Chirac décide de transformer cette armée de citoyens en une armée de métier. En 2018, le service national universel (**SNU**) est créé pour maintenir l'esprit d'engagement chez les jeunes Français. Il concerne aussi bien les filles que les garçons.

→ J'EXPÉRIMENTE 1 - P. 150

De nouvelles menaces qui sont l'affaire de tous

Jusqu'au XXe siècle, la principale menace pour notre sécurité provient des pays voisins. Cela se traduit par des guerres conventionnelles. Aujourd'hui, les menaces ont changé de formes : il s'agit du **terrorisme** sous toutes ses formes et de la **cyberguerre**. La protection face à ces menaces ne relève plus exclusivement de l'État ; elle est l'affaire de tous.

→ J'EXPÉRIMENTE 2 - P. 152

Des politiques de coopération internationales face à des menaces communes

La France est membre de l'ONU depuis 1945. Elle fait aussi partie de plusieurs alliances militaires comme l'**OTAN**. Dans ce cadre, elle participe à des opérations de maintien de la paix, ou à des conflits aux côtés d'autres pays qui partagent les mêmes engagements. Ces interventions visent à défendre des valeurs universelles et les droits humains.

→ J'EXPÉRIMENTE 3 - P. 154

L'Europe et la défense

La France appartient aujourd'hui à un vaste ensemble économique et politique : l'Union européenne composée de 27 États. Les pays qui constituent cette organisation régionale partagent des intérêts et doivent faire face à des menaces communes. Pour cela, ils ont développé des politiques communes de sécurité et de défense.

→ J'EXPÉRIMENTE 4 - P. 155

REPÈRES

- **26 août 1789** Déclaration des droits de l'homme et du citoyen
- **1992** Traité de Maastricht (PESC, Eurocorps)
- **1997** Suspension du service national
- **1998** Sommet franco-britannique de Saint-Malo (PESD)
- **2003** Première opération de l'Union Européenne en Macédoine
- **2009** Création du Conseil de défense et de sécurité nationale
- **2016** Sommet de Varsovie (coopération OTAN-UE)
- **2018** Annonce de la création du service national universel (SNU)

VOCABULAIRE & NOTIONS

- **Conscription :** service militaire obligatoire pour les citoyens.
- **SNU :** Le service national universel a été créé en 2018 pour favoriser l'esprit d'engagement, transmettre les valeurs républicaines et renforcer la cohésion nationale.
- **Terrorisme :** emploi systématique de la violence (attentats, prises d'otages...) pour atteindre un but politique.
- **Cyberguerre :** guerre cybernétique consistant à utiliser l'informatique et Internet pour mener une guerre dans le cyberespace.
- **OTAN :** Organisation du traité de l'Atlantique Nord. Alliance militaire sous l'égide des États-Unis créée en 1949 dans le cadre de la guerre froide.

DOC. 1

Jacques Chirac

Jacques Chirac (1932-2019)
Il est président de la République de 1995 à 2007. Jacques Chirac suspend le service militaire en 1997 : l'armée française passe d'une armée de citoyens à une armée de métiers composée uniquement de soldats professionnels.

DOC. 3

Une citation

Vendredi 13 novembre,
ce jour que nous n'oublierons jamais, la France a été frappée lâchement, dans un acte de guerre organisé de loin et froidement exécuté.
Une horde d'assassins a tué 130 des nôtres et en a blessé des centaines.

François Hollande, discours du 27 Novembre 2015.

ON EN PARLE AUTREMENT...

UN FILM
Antonin Baudry,
Le Chant du loup,
Pathé Film, 2019.

DOC. 2

Le quartier général de l'OTAN à Bruxelles

Lecture active du cours

1 Pourquoi Jacques Chirac est-il un acteur majeur dans l'évolution de la défense de notre pays (DOC. 1) ?

....

2 Quelles idées du cours retrouve-t-on dans la photographie du quartier général de l'OTAN (DOC. 2) ?

....

3 Mettez chacun des trois documents en relation avec une partie du cours.

DOC. 1 : ....

DOC. 2 : ....

DOC. 3 : ....

4 Quelle idée du cours n'est pas illustrée par un document ?

....

SYNTHÈSE

5 Construisez une phrase avec les quatre idées principales du cours.

....

J'EXPÉRIMENTE

Écoutez le cours associé.
liennathan.fr/3mjf81

1 D'une armée de citoyens à une armée de métier

L'article 12 de la **Déclaration des droits de l'homme et du citoyen** en 1789 prévoit la nécessité d'une force publique pour garantir les droits fondamentaux. Depuis la Révolution française, cette force publique a évolué dans sa forme et dans ses missions.

➔ **Comment a évolué la place des citoyens dans la défense de la France ?**

REPÈRES

- **26 août 1789** Déclaration des droits de l'homme et du citoyen
- **1798** Loi Jourdan-Delbrel
- **1997** Suspension du service national
- **2018** Annonce de la création du service national universel (SNU)

DOC. 1

Ordre de mobilisation en 1914

En 1914, tous les Français en âge de servir dans l'armée et relevant des obligations de la **conscription** universelle sont mobilisés dans l'armée.

ARMÉE DE TERRE ET ARMÉE DE MER

ORDRE DE MOBILISATION GÉNÉRALE

Par décret du Président de la République, la mobilisation des armées de terre et de mer est ordonnée, ainsi que la réquisition des animaux, voitures et harnais nécessaires au complément de ces armées.

Le premier jour de la mobilisation est le Dimanche 2 Août 1914

Tout Français soumis aux obligations militaires doit, sous peine d'être puni avec toute la rigueur des lois, obéir aux prescriptions du FASCICULE DE MOBILISATION (pages coloriées placées dans son livret).

Sont visés par le présent ordre TOUS LES HOMMES non présents sous les Drapeaux et appartenant :

1° à l'ARMÉE DE TERRE y compris les TROUPES COLONIALES et les hommes des SERVICES AUXILIAIRES;

2° à l'ARMÉE DE MER y compris les INSCRITS MARITIMES et les ARMURIERS de la MARINE.

Les Autorités civiles et militaires sont responsables de l'exécution du présent décret.

Le Ministre de la Guerre. *Le Ministre de la Marine.*

VOCABULAIRE & NOTIONS

• **Conscription :** Service militaire obligatoire.

DOC. 2

Loi Jourdan-Delbrel de 1798

Art.1 - Tout français est soldat et se doit de défendre la patrie.

Art.15 - Le Service militaire concerne tous les français de 20 à 25 ans.

DOC. 3

La fin de la conscription : vers une armée de métier

Le 28 mai 1996, Jacques Chirac propose « que le service national soit supprimé dès le 1er janvier 1997 ». À la place, la loi instaure la mise en place d'un recensement et d'une « Journée d'appel de préparation à la défense » (remplacée depuis par la Journée Défense Citoyenneté). Désormais la France dispose d'une armée de métier.

?

Comprendre et analyser les documents

1. Qui est mobilisé en 1914 ? Pourquoi (DOCS 1 et 2) ?

....

....

2. Quel changement a lieu en 1997 au niveau militaire (DOCS 1 et 3) ?

....

....

3. Qu'est-ce qui a remplacé le service militaire (DOC.3) ?

....

....

CAPACITÉ

Identifier une notion

4. À partir de l'exemple de la conscription, montrez comment a évolué la place des citoyens français dans la défense du pays.

....

....

....

....

....

....

J'EXPÉRIMENTE

Écoutez le cours associé.
liennathan.fr/1e9h7e

2 De nouvelles menaces qui sont l'affaire de tous

Les menaces qui pèsent sur notre pays évoluent. La France doit donc adapter en permanence sa défense et sa **sécurité**. Afin de réagir plus rapidement, le Conseil de la défense et de sécurité nationale a été créé en 2009. Il est dirigé par le président de la République, qui évalue les menaces et prend rapidement les décisions nécessaires.

➔ **Comment faire face aux nouvelles menaces ?**

DOC. 1 La France, cible du terrorisme en 2015

Le Monde

VENDREDI 13 NOVEMBRE, 21 H 20

LA TERREUR À PARIS

ÉDITORIAL

L'EFFROI ET LE SANG-FROID

AU MOINS 128 MORTS DANS UNE SÉRIE D'ATTAQUES TERRORISTES

DANS LA SALLE DU BATACLAN, LE « CARNAGE » : PLUS DE 80 MORTS

FRANÇOIS HOLLANDE DÉCRÈTE L'ÉTAT D'URGENCE. DES RENFORTS MILITAIRES À PARIS

LES ATTENTATS PROVOQUENT UNE ONDE DE CHOC INTERNATIONALE

Une du journal *Le Monde*
(Dimanche 15 – Lundi 16 Novembre 2015)

DOC. 2 Une vague de cyberattaques a touché plusieurs pays, dont la France

Des parkings presque déserts et 3 000 ouvriers au chômage partiel ce lundi 15 mai. À Douai (Nord), la production de l'usine Renault est quasi à l'arrêt. Une conséquence directe de la cyberattaque massive. La direction a décidé de suspendre ses lignes de production le temps de sécuriser tous les systèmes informatiques pour stopper la propagation du virus. Une partie de la production devrait reprendre ce lundi à 21 heures, avant une reprise totale prévue demain matin. Au total, pour le groupe Renault, le préjudice pourrait atteindre plusieurs millions d'euros. Une dizaine d'autres entreprises françaises auraient été touchées.

France Info, 15 mai 2017.

REPÈRES

2018
Création du Conseil de défense et de sécurité nationale

Comprendre et analyser les documents

1. Quelles nouvelles menaces pèsent sur la sécurité de la France (DOCS 1 et 2) ?

....

2. Quelles sont les conséquences de ces nouvelles menaces (DOCS 1 et 2) ?

....

3. Quelles attitudes doivent avoir les citoyens face à ces nouveaux risques (DOC. 3) ?

....

....

CAPACITÉ — Identifier une notion

4. Expliquez quels sont les risques liés au terrorisme pour la France et montrez que la protection face à ces risques est l'affaire de tous les citoyens et de l'État.

....

....

....

....

....

DOC. 3

Les nouvelles menaces sont un enjeu pour tous les citoyens

Si l'État est le principal acteur de notre sécurité, la vigilance et le bon comportement des citoyens peuvent limiter les menaces ou les effets d'un risque. Pour cela, chacun doit savoir comment se comporter en cas de risque.

VOCABULAIRE & NOTIONS

- **Sécurité :** principe fondamental qui consiste à protéger les personnes et leurs biens.
- **Terrorisme :** emploi systématique de la violence (attentats, prises d'otages...) pour atteindre un but politique.
- **Cyberattaque :** attaque informatique par l'intermédiaire d'Internet.
- **OTAN :** Organisation du traité de l'Atlantique Nord. Alliance militaire sous l'égide des États-Unis créée en 1949 dans le cadre de la guerre froide.

J'EXPÉRIMENTE

Écoutez le cours associé.
liennathan.fr/q3zv74

3 Des politiques de coopération face à des menaces communes

En tant que puissance mondiale et membre permanent du Conseil de sécurité de l'ONU, la France coopère avec de nombreuses nations pour lutter contre les menaces actuelles.

➔ **Comment la France coopère-t-elle avec d'autres pays pour garantir la paix et la sécurité mondiale ?**

DOC. 1
La France, membre de l'OTAN

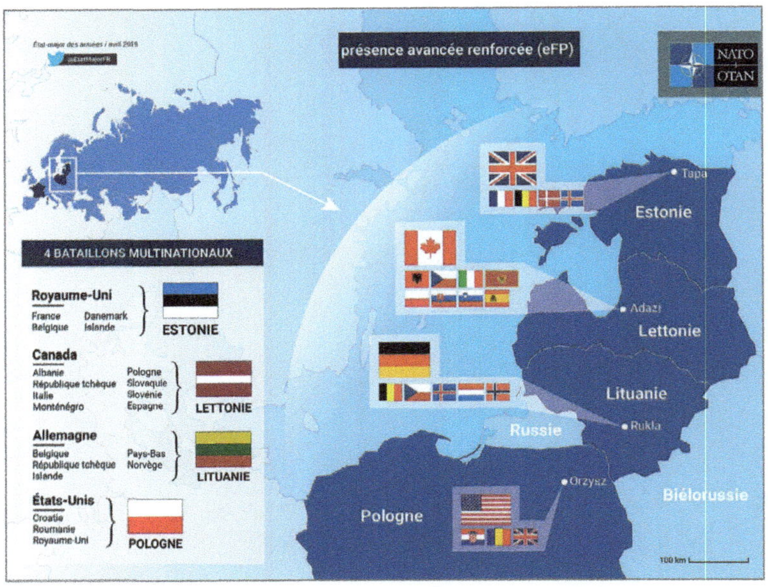

L'OTAN est une alliance militaire qui réunit les États-Unis, le Canada et la majorité des pays européens. La mission Lynx a été lancée dans le cadre de l'OTAN afin de garantir la sécurité des pays baltes et d'Europe de l'Est face à une éventuelle menace russe.

DOC. 2
Des forces françaises au service de l'ONU

Présente depuis 1978 au Liban, la France est l'un des principaux pays contributeurs de la Force intérimaire des Nations unies au Liban (FINUL), avec actuellement près de 700 soldats. Cette force remplit les missions suivantes :
- contrôler l'arrêt des hostilités ;
- accompagner et appuyer les forces armées libanaises à mesure de leur déploiement dans le Sud du pays ;
- fournir une assistance pour assurer aux populations civiles l'accès à l'aide humanitaire et favoriser le retour volontaire des personnes déplacées dans des conditions de sécurité.

Dossier de presse Daman, ministère de la Défense, 2019.

Comprendre et analyser les documents

1 Dans quels pays la France participe-t-elle à des opérations militaires (DOCS 1 et 2) ?

....

....

....

2 Soulignez les pays avec lesquels la France coopère dans le cadre de la mission Lynx (DOC.1) ?

3 Quels sont les types de missions remplies par l'armée française (DOCS 1 et 2) ?

....

....

....

?

CAPACITÉ
Identifier une notion

4 À partir de l'exemple de l'engagement français au Liban, montrez que la France coopère avec de nombreux pays pour garantir la paix et la sécurité.

....

....

....

....

....

....

....

....

PROJET

Les missions de la défense

Vous allez organiser une campagne au sein de votre établissement pour sensibiliser les élèves aux missions de la défense nationale.

Consultez le site de la Défense.
liennathan.fr/uv5m53

Débattre autour d'une question

1. Dans quelles zones géographiques la France est-elle présente militairement ?
2. Combien de militaires français sont en permanence engagés dans des missions ?

ACTIVITÉS

ÉTAPE 1

Se documenter

Effectuez des recherches sur la défense nationale afin d'identifier ses missions. Pour réunir les informations nécessaires, vous pouvez :
- vous rendre au CDI ;
- consulter le site du ministère de la Défense ;
- contacter le correspondant défense de votre académie.

Créer une fiche de documentation sur le modèle suivant ▶▶

ÉTAPE 2

Préparer votre campagne d'information

Pour réaliser votre campagne d'information, réaliser une affiche pour chaque catégorie de missions.
Cette affiche doit :
- présenter la mission,
- décrire un cas concret,
- expliquer quel est l'intérêt pour la France.

FICHE DE DOCUMENTATION

Nom de la ressource :
(nom du site, de la revue, du journal, du livre)

Date de consultation :

Quel est le nom de cette mission ?

Où se déroule cette mission ?

En quoi consiste cette mission ?

Dans quelle catégorie classez-vous cette mission :
- ☐ Défense du territoire et de la population
- ☐ Opération de sécurité en dehors de la France
- ☐ Guerre
- ☐ Missions dans le cadre de l'ONU, l'OTAN et l'UE
- ☐ Aide aux populations

J'EXPÉRIMENTE

Écoutez le cours associé.
liennathan.fr/ro649f

4 L'Europe et la défense

En 1992, le traité de Maastricht crée l'Union européenne. Plusieurs dispositions concernent la création d'une politique étrangère et de sécurité commune (**PESC**) à tous les États membres. Mais il faut attendre 1998 pour voir la mise en place d'une véritable politique de défense européenne.

➔ **Quelle est la politique de défense et de sécurité de l'Union européenne ?**

DOC. 1

Cérémonie de présentation des drapeaux des nations européennes constituant l'Eurocorps.

REPÈRES

- **1992**
  Traité de Maastricht (PESC, Eurocorps)
- **2003**
  Première opération de l'Union européenne en Macédoine
- **2016**
  Sommet de Varsovie (coopération OTAN-UE)

DOC. 2

L'opération européenne Concordia en Macédoine en 2003

Depuis le 31 mars 2003 l'Union européenne (UE) a pris la relève des forces de l'Organisation du traité de l'Atlantique Nord (OTAN) dans l'ancienne République yougoslave de Macédoine, avec la mise en place de l'opération militaire « Concordia ». La force militaire de l'UE comprend environ 380 militaires issus de 27 pays.

Journal officiel du Sénat, septembre 2003.

DOC. 3

Déclaration commune UE-OTAN lors du Sommet de Varsovie, 2016

L'UE et l'OTAN ont signé une déclaration commune sur le renforcement de la coopération pratique dans certains domaines. Parmi ceux-ci figurent :
- la coopération opérationnelle en mer et en matière de migration ;
- la coordination dans les domaines de la cybersécurité et de la cyberdéfense ;
- le renforcement de la capacité de défense et de sécurité des partenaires situés à l'est et au sud de l'Union.

VOCABULAIRE & NOTIONS

- **PESC :** la Politique européenne de sécurité commune, mise en place en 1992, constitue la politique diplomatique et militaire de l'Union européenne en dehors de ses frontières.
- **OTAN :** Organisation du traité de l'Atlantique Nord. Alliance militaire qui regroupe les États-Unis, le Canada et la majorité des pays européens.

?

Comprendre et analyser les documents

1. Entourez les drapeaux des pays de l'Eurocorps. Est-ce l'armée de l'Union européenne (DOC. 1) ?

....

....

....

2. Pour quels types de missions les pays de l'Union européenne coopèrent-ils (DOCS 2 et 3) ?

....

....

....

CAPACITÉ

Identifier une notion

3. À partir de l'exemple de l'Eurocorps et du partenariat UE-OTAN, montrez comment l'Union européenne organise sa défense.

....

....

....

....

Alaska (ÉTATS-UNIS)
Groenland (DANEMARK)
ISLANDE
CANADA
ÉTATS-UNIS
Océan Atlantique
MEXIQUE
BELIZE
BAHAMAS
CUBA
HAÏTI
JAMAÏQUE
RÉPUBLIQUE DOMINICAINE
SAINT-KITTS-ET-NEVIS
ANTIGUA-ET-BARBUDA
Guadeloupe (Fr.)
DOMINIQUE
Martinique (Fr.)
BARBADE
STE-LUCIE
GRENADE
SAINT-VINCENT-ET-LES-GRENADINES
TRINITÉ ET TOBAGO
GUATEMALA
SALVADOR
HONDURAS
NICARAGUA
COSTA RICA
PANAMÁ
VENEZUELA
GUYANA
Guyane française
SURINAME
COLOMBIE
ÉQUATEUR
BRÉSIL
PÉROU
BOLIVIE
PARAGUAY
CHILI
URUGUAY
ARGENTINE
Océan Pacifique
TUNISIE
MAROC
ALGÉRIE
LIBY
MAURITANIE
MALI
NIGER
TCHA
SÉNÉGAL
CAP-VERT
GAMBIE
GUINÉE-BISSAU
GUINÉE
BURKINA FASO
GHANA
NIGERIA
SIERRA LEONE
LIBERIA
CÔTE D'IVOIRE
TOGO
BÉNIN
CAMEROUN
GUINÉE-ÉQUATORIALE
GABON
CONG
SÃO TOMÉ-ET PRÍNCIPE
ANGOL
NAMIBI
AFRIQU DU SU
N
0
2 000 km
à l'équateur

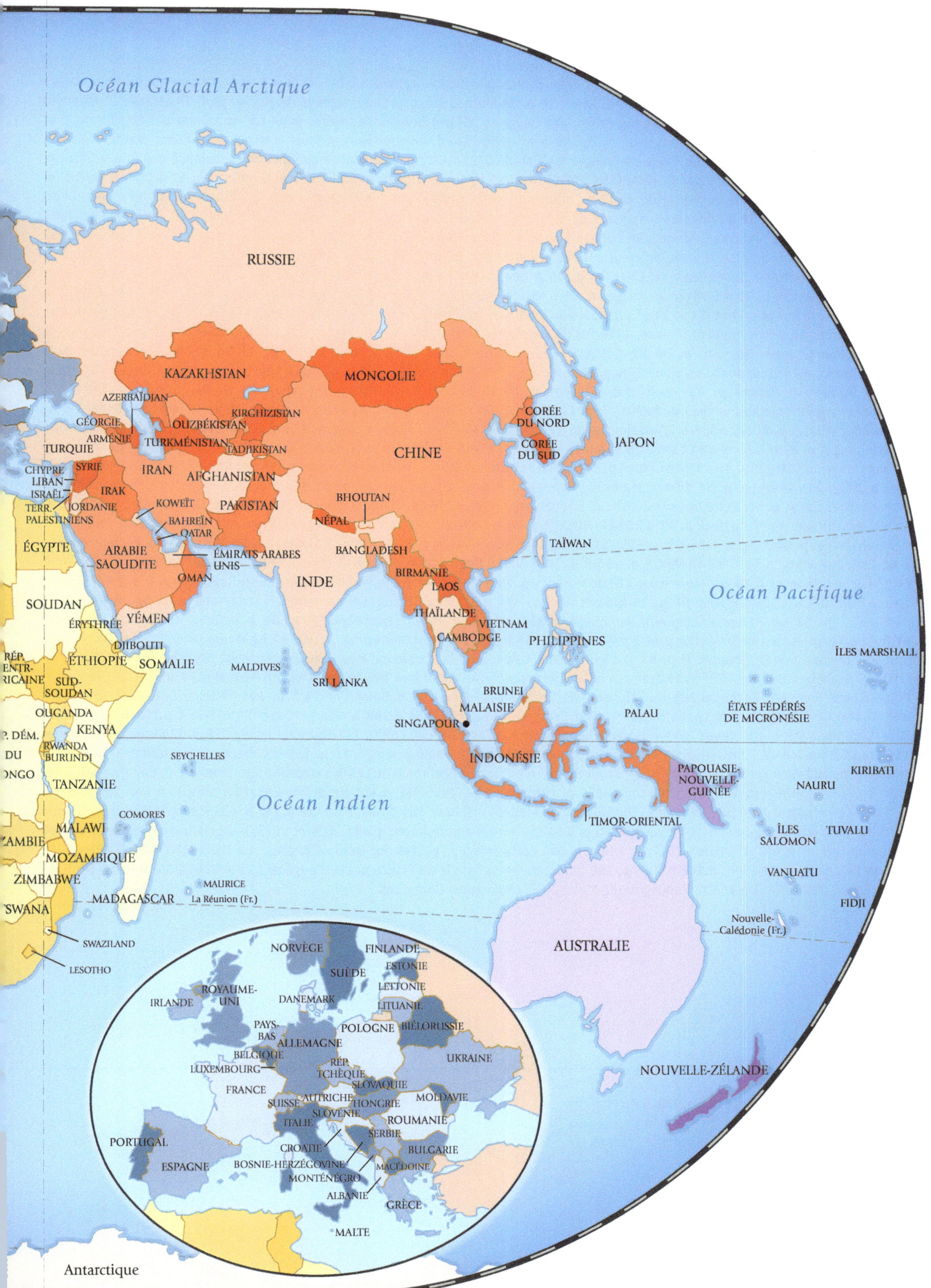
Océan Glacial Arctique
RUSSIE
KAZAKHSTAN
MONGOLIE
AZERBAÏDJAN
GÉORGIE
ARMÉNIE
KIRGHIZISTAN
OUZBÉKISTAN
TURKMÉNISTAN
TADJIKISTAN
TURQUIE
CORÉE DU NORD
CORÉE DU SUD
JAPON
CHINE
CHYPRE
LIBAN
ISRAËL
TERR. PALESTINIENS
SYRIE
IRAK
IRAN
AFGHANISTAN
JORDANIE
KOWEÏT
PAKISTAN
BHOUTAN
BAHREÏN
QATAR
NÉPAL
ÉGYPTE
ARABIE SAOUDITE
ÉMIRATS ARABES UNIS
BANGLADESH
TAÏWAN
OMAN
INDE
BIRMANIE
LAOS
Océan Pacifique
SOUDAN
YÉMEN
ÉRYTHRÉE
THAÏLANDE
VIETNAM
CAMBODGE
PHILIPPINES
DJIBOUTI
ÉTHIOPIE
SOMALIE
MALDIVES
SRI LANKA
ÎLES MARSHALL
SUD-SOUDAN
BRUNEI
MALAISIE
PALAU
ÉTATS FÉDÉRÉS DE MICRONÉSIE
OUGANDA
KENYA
SINGAPOUR
RWANDA
BURUNDI
SEYCHELLES
INDONÉSIE
PAPOUASIE-NOUVELLE-GUINÉE
KIRIBATI
NAURU
TANZANIE
Océan Indien
COMORES
MALAWI
TIMOR-ORIENTAL
ÎLES SALOMON
TUVALU
MOZAMBIQUE
VANUATU
ZIMBABWE
MAURICE
MADAGASCAR
La Réunion (Fr.)
FIDJI
Nouvelle-Calédonie (Fr.)
SWAZILAND
LESOTHO
AUSTRALIE
NOUVELLE-ZÉLANDE
NORVÈGE
FINLANDE
ESTONIE
SUÈDE
LETTONIE
IRLANDE
ROYAUME-UNI
DANEMARK
LITUANIE
PAYS-BAS
POLOGNE
BIÉLORUSSIE
ALLEMAGNE
BELGIQUE
UKRAINE
LUXEMBOURG
RÉP. TCHÈQUE
SLOVAQUIE
FRANCE
MOLDAVIE
SUISSE
AUTRICHE
HONGRIE
SLOVÉNIE
ITALIE
ROUMANIE
SERBIE
PORTUGAL
CROATIE
BULGARIE
ESPAGNE
BOSNIE-HERZÉGOVINE
MACÉDOINE
MONTÉNÉGRO
ALBANIE
GRÈCE
MALTE
Antarctique

CRÉDITS ICONOGRAPHIQUES

Couverture : Jacques Boyer/ Roger-Viollet ; bennymarty©123rf

p. 4 hg Ludovic MARIN / AFP p. 4 hd RMN/Hervé Lewandowski **p. 4 b** Collection IM/KHARBINE-TAPABOR **p. 6 hg** © The Centenary Project Lagos **p.6 hd** Eric Morency **p. 12** Collection IM/KHARBINE-TAPABOR **p. 13** Martine Mouchy/Saif images **p. 14** hg DeAgostini/Leemage /Bridgeman Images **p. 14 hd** Photo Josse/Leemage **p. 14 mg** Bridgeman images **p. 14 md** Bridgeman Images **p. 14 bg** Jean-Gilles Berizzi / Photo Rmn **p. 14 bd** Kharbine Tapabor **p. 15 hg** Peinture d'Erik Henningsen, 1855-1930 *A wounded worker,* Statens Museum for Kunst, National Gallery of Denmark **p. 15 hd** Bibliothèque nationale de France/ ark 12148/cb33970472r **p. 15m** Musée national de l'Assurance maladie © Sécurité sociale **p. 15 md** Collection JEAN VIGNE /KHARBINE TAPABOR **p. 15 bg** Roger-Viollet **p. 15 bd** Selva/ Leemage **p. 17 d** Collection Bibliothèque de l'Académie nationale de médecine **p. 17 b** Collection Christophel © Renn Productions / France 2 Cinéma **p. 18 h** Archives Charmet /Bridgeman images **p. 18 b** Bridgeman images **p. 19 g** Bridgeman images **p. 19 d** Jacques Boyer/Roger-Viollet **p.20** Archives Charmet / Bridgeman images **p. 21** Archives Charmet /Bridgeman images **p.23 hg** internet/D.R **23 hd** Bibliothèque nationale de France/RC-C-20952 **p. 24 h** Photo RMN-Grand Palais (musée d'Orsay) / Hervé Lewandowski **p. 24 b** Archives Charmet /Bridgeman images **p. 25** J.Y. Populu / Le Compa - Conservatoire de l'Agriculture, Chartres **p. 26 g** Centre des Archives d'Outre-Mer **p. 26 d** Galdoc-Grob / Kharbine-Tapabor **p. 29 g** Archives Nathan **p. 29 d** Bridgeman images **p. 30 h** Musée Gadagne, Lyon **p. 30 b** Bridgeman images **p.32** Paris Musées **p. 33** Fine Art Images/Heritage Images/ Photo12 **p. 34 g** Coll Musée de l'Histoire Vivante, Montreuil Ph. MHV, Montreuil-DR. **p. 34 d** Christine Bard, «Les premières femmes au Gouvernement (France, 1936-1981)», Histoire-politique, n°1 **p. 35** Roger-Viollet **p. 36** Jean-Pierre Verney/akg-images **p. 37** Collection Kharbine-Tapabor **p. 38 hg** Collection Christophel © JPG Films / ARTE / CNC **p. 38 hd** Philippe Matsas/Leemage **p. 38 b** Les Amis de l'histoire du Pays vizillois/D.R. **p.39** Captures © JPG Films / ARTE / CNC **p. 42 bg** DeAgostini/Leemage /Bridgeman Images **p. 42 bd** Bridgeman Images **p. 43** Photo Josse/ Leemage **p. 44** Maurice-Louis Branger/Roger-Viollet **p. 45** Ludovic MARIN / AFP **p. 46 hg** Leemage/Bridgeman Images **p. 46 hd** Rémi Gaillarde/CRDA /Gamma Rapho **p. 46 m** Roger-Viollet **p. 46 bg** LAPI/Roger-Viollet **p. 46 bd** adoc-photos **p.47 hg** arkivi UG/ akg-images **p. 47 hd** Henri Martinie / Roger-Viollet **p. 47 mg** G. Nimatallah / De Agostini Picture Lib. / akg-images **p. 47 mh** Archives Charmet/Bridgeman Images **p. 47md** Nations Unies **p. 47 b** © DR **p. 49 h** Hulton Archive /Getty Image **p. 50** akg-images **p. 51 g** BIS/ ©Archives Larbor **p. 51 d** Pictures from History/ Bridgeman Images **p. 53** Keystone / Hulton Archive / Getty Images **p. 54 g** Lee / Leemage **p. 54 d** Henri Martinie / Roger-Viollet **p. 55 g** Lee/Leemage **p. 55 d** Granger NYC/Rue des Archives/Leemage **p. 57 h** Archives/Getty **p. 58** Peter Newark Pictures / Bridgeman Images **p. 59** Collection René Petitot/Flickr **P. 60 h** S. Gautier/SAGAPHOTO **p. 60 b** Marco Brivio / Age Fotostock **p. 63 h** ROGER-VIOLLET **p. 63 b** Collection Christophel © Tessalit Productions / DR **p. 64 h** Tallandier / Bridgeman Images **p. 64 b** Pierre Jahan/Roger-Viollet **p. 65 g** LAPI/Roger-Viollet **p. 65 d** Djampa/Wikipedia **p. 66** AFP **p. 67** DocAnciens/docpix.fr **p. 68** Coll, JeanVigne/KHARBINE-TAPABOR **p. 69** DR **p. 70 h** Gianni Dagli Orti/Aurimages © Adagp, Paris, 2020 **p. 70 b** Hugo Erfurth /AKG **p. 74 g** Kharbine Tapabor **p.76** Eric Morency **p.77** Eric Morency **p. 79 h** languedoc-roussillon.developpement-durable.gouv.fr **p. 79 m** Vincent Voegtlin/ PHOTOPQR/L'ALSACE/MAXPPP **p. 79 b** Boris Horvat/ AFP **p.81** Jean Christophe Marmara / Figarophoto **p. 82 bg** Jean-Baptiste Gurliat/ AFP **p. 82 bd** Philippe Guignard/ Air-images **p.83** Christophe Petit Tesson/MaxPPP **p. 84 b** Philippe Guignard/ Air-images **p. 87 h** Albert Harlingue / Roger-Viollet **p.87 b** © Rue de l'Échiquier **p.91** © Metz Métropole, 2019 **p.93 hg** Mairie de Saillans **p. 94** © Geoportail **96** Francis Cormon/Hemis/AFP **p. 97** © Ligue royale belge pour la protection des oiseaux/Dessin de Sten **p. 98** Eric Catarina/ PHOTOPQR/LE MIDI LIBRE/Max PPP **p.99** Jean-Louis Zimmermann/Flickr **p.100 h et b** L.Delage/ Objectif Aéro © ELLA & PITR **p.104 g** MAXPPP/PQR/Ouest France/F. Laguet **p.104 m** Rollinger-Ana/ONLYFRANCE.FR **p.104 d** Betend/Andia.fr **p. 105** Philippe Guignard/ Air-images **p. 106** © The Centenary Project Lagos **p. 107** © The Centenary Project Lagos **p.108 h** George Osodi/PANOS-REA **p.108 b** jcornelius/ Creative Commons Attribution-Share Alike 4.0 International license.. **p. 109** Stringer / AFP p.112 Boureima Hama/AFP **p. 115** Bridgeman Images **p. 116** Stuart Price/MEAACT PHOTO **p. 119 h** Minasse Wondimu Hailu / Anadolu Agency/ AFP p. **119 b** Collection Christophel © Happiness distribution **p. 122** Stringer / AFP **p.125 h** Christian Spicker/Panoramic/Bestimage **p.125 b** Collection Christophel © Canal+ / Why Not Productions / Wild Bunch **p. 126** Yasuyoshi Chiba/AFP **p. 128** Yasuyoshi Chiba/AFP **p.131** Nacerdine Zebar/Gamma Rapho **p. 132 h** CAAC-The Pigozzi Collection.© 2020. Digital image, The Museum of Modern Art, New York/Scala, Florence **p.132 b** © Elie Jorand Courtesy Galerie MAGNIN-A, Paris **p. 139 hg** Imagno/LA COLLECTION **p. 140** Keystone/Gamma-Rapho **p.141** © Aacc 2012, (Association des agences conseil en communication) **p.142** © Dilcrah 2017 **p. 144** Ipopba/ Getty Images **p. 149 hg** Bettina Rheims/ LA DOCUMENTATION FRANCAISE **p. 149 hd** Belgaimage/MaxPPP **p.149 b D.R. p. 150** Bibliothèque nationale de France **p.151** S'engager.fr/© AKA DESIGN Aurélien DUPUY / Création TBWA\CORPORATE **p.156** © Claude Truong-Ngoc, 2013 / Wikimedia Commons

---

ISBN : 978-2-09-167131-4

Couverture : Séverine Tanguy
Conception maquette : Deligraph
Mise en pages : Deligraph
Édition : Karine Le Forestier
Assistante d'édition : Juline Brasset
Relecture – corrections : Karine Tercier
Iconographie : Nadine Gudimard
Fabrication : Christine Aubert

N° de projet: 10303124
Dépôt légal: mai 2020
Imprimé en FRANCE en juillet 2024
par CPI Bussière (2078115)